他们的昨天可能是你的今天，他们的现在可能是你的未来。

商业人生
BUSINESS LIFE

中国高端财富访谈 I

INTERVIEW WITH CHINESE BUSINESS LEADERS I

腾讯财经《商业人生》栏目组◇编著

吉林出版集团有限责任公司

序

腾讯网副总编辑　马立

这是一个高速发展的时代，也是一个信息过载的时代，一切似乎都那么匆匆，一切变化都如此之快。

我们需要怎样去观察这个时代和这个社会？我们应该怎样去理解成功、财富和人生？如何观察和理解这些问题是腾讯财经创办《商业人生》栏目的初衷。我们希望透过具象而立体的商界领袖，与我们的读者一起去观察这个时代和这个社会，去思考我们每个个体的理想和命运。

在这个互联网的大时代，慢下来阅读是一件很奢侈的事情。但我们仍然执著地希望，通过《商业人生》这种深度的阅读方式，让我们的读者，也让我们自己，在快速飞奔的路上，在大量的碎片化信息中，能够偶尔停下来学习、思考和沉淀。

偶像不断地出现，但我们需要真正的英雄；人们渴望成功，但成功的代价也越来越高；未来有太多的不确定性，但又充满机会，让人恐惧，也让人兴奋和冲动。

商界领袖们无疑是成功的，但他们的成功不仅仅是财富的积累和声名鹊起，我们更需要关注他们成功的路径，关注他们成功背后的艰难的故事，关注他们灵魂深处的脆弱和挣扎，关注决定他们成败的小灵感和大智慧。

这些我们仰望的商界领袖，当他们遇到挫折的时候，会怎样去面对？是否也像我们一样彷徨和迷茫？他们会怎样看待成功，看待财富，看待理想，看待家庭，看待人生？带着这些疑问，我们的编辑走近中国最知名的30位商界领袖，面对面聆听，面对面质疑，面对面探讨。带着虔诚的心倾听、写作，并以客观、平视的角度，把他们的成功故事呈现给每一位读者。

我们始终相信一点：每一个成功者，一定都有其成功的理由，无论是因为努力，还是因为机遇。这些成功的商界领袖，他们是如此平凡，又如此不平凡，平凡的是他们的人和他们的生活，而不平凡的正是他们的人生智慧。这也正是《商业人生》栏目的定位——从非凡商业看智慧人生。

感谢这30位商界领袖的耐心讲述，把他们真实、鲜为人知的一面呈现给我们。

感谢每一位读者的批评和鼓励，你们的关注是我们前进的动力。

感谢吉林出版集团整理出版《商业人生》栏目，才得以让更多的读者认识这些商界领袖，从中得到启迪和共鸣。

2011年8月

目 录
CONTENTS

李亦非和她的新媒体 / 051

携程、如家、汉庭和季琦 / 079

胡葆森：十八年十八城 / 103

蒋锡培：卖电缆起家的首富 / 125

刘建国：从百度第一员工到爱帮网CEO / 151

证券教父阚治东 / 173

依文男装“设计师”夏华 / 195

中国专业体检第一人韩小红 / 219

腾讯财经《商业人生》栏目主创人员 / 243

索引 / 248

荣丰控股集团董事长、亚视执董高级顾问 王征

走向亚视的王征

- 如果太过顺利的话，我总感到有问题。凡事不顺利，我总感到是正常的，最终它可能是个好东西。
- 我不会包装，一件事情一句话，用十句话来讲我不会。
- 我在香港马上20年了，我从来没听人说过“战略”两个字，我从来没听做生意的人说过“文化”两个字。但是香港的生意人未必不懂战略，不讲企业文化。

成功轨迹

1981年，考入华东师大外语系俄语专业。

1985年，考取该校俄国文学硕士研究生，师从冯增义教授。

1990年，南下香港打工。

1998年，在北京开发的“荣丰2008”项目成为全国首家奥林匹克主题小区，被评为“2001年北京十大明星楼盘”“中国三十大名盘”。

2001年，作为青年经贸科技代表团副团长访问中国台湾。

2003年，作为中国青年代表团团长访问韩国。

2008年，荣丰控股上市。

2009年，对外宣布收购香港亚视，成为新闻焦点人物。

王征印象

文/张沉 刘雁

作为“中国现代工业之父”盛宣怀的第四代后人、某高干的儿子，无论做什么事，首先招来的就是怀疑，事情本身如何反而在其次。

王征极力想撇清这一点，因为他认为，自己干出来的伟业，与被光环笼罩的前辈八竿子打不着。对商业的预判力和冒险精神以及独特的运作手法和洞察力，才是自己多年来攻城拔寨、不断成功的原因。

作为“另类先锋”，他是在中国第一个开发小户型的人，并打出广告——不卖给年龄35岁以上的人。而他当年在北京一个月卖2000多套小户型的纪录，至今还没人打破。

他喜欢有控制力的感觉和有活力的地方，这些可能更能激发他的热情。

而对于中国人传统的观念——传宗接代和光宗耀祖，作为“中国现代工业之父”的后代，他说这两样他真的没有。

对于商业本身，他不喜欢内地通行的“先做人后做事”的规则，以及一些公司搞的所谓的“文化”和“战略”，他认为做商业就应该谈实际的，利润才是硬道理。他认为歌星王菲那种做事方式比较好：在每一场演唱会上，一句废话没有，上台就唱。做事就要干脆利索，不玩虚的。

王征说，男人活着就是为了证明自己。收购亚视被他看做是证明自己的另一次机会。“以前搞房产和投资银行都成功了。投资亚视，没法回头了。今后20年就奉献给亚视了。找一件自己认为值得做的事情。”王征说。

人在不同的境遇，看待事情的角度和感受就是不一样。

■ 荣丰集团重庆南岸区慈母山项目效果图。

在王征看来，每年投资银行业换回来的大把钞票，让人有种“不劳而获”的感觉；房地产是他的老本行，他的管理团队已经十分成熟和稳定，几乎不让他操心。这些都让他失去了兴奋点。

找点什么事情做更有意义呢？收购亚视，不错。对47岁的王征来说，这是一次新挑战。因为亚视前六次易主，几乎各个都是“赔钱赚吆喝”。在王征看来，以前的亚视失败在没有方向，缺乏与之匹配的运作手法，而不是缺乏资金。

因为有“中国现代工业之父”后人的背景，关于他收购亚视的新闻，人们给出的更多的是问号和感叹号。疑问大于事情本身。

王征说收购亚视是因为其弱小：“我喜欢做别人不做的事情，专门做弱小的，这是宿命。”他的目标是做“中国的默多克”。

■ 收购亚视遇阻

西九龙某高档公寓70层，将香港繁华尽收眼底。这是只有经过主人确认后，访客方可进入的高档寓所。

王征说，他很少接受媒体专访，在私人会所接受专访就更少，宣布收购亚视后，这是他第一次接受媒体采访。之所以答应在这里接受腾讯财经的独家专访，王征解释说：“一是喜欢你们老板马化腾；二是腾讯代表年轻的力量。”

在王征看来，年轻代表未来：“谁赢得了年轻人，谁就赢得了未来。”王征说，将来亚视会把年轻人作为重点收视对象之一。作为“义工”的他，显然已经开始规划亚视的未来。

2010年3月11日，全国两会召开期间，全国政协委员王征在北京饭店宣布，以20亿港币的价格转持50%以上的亚视股权。

但是事情并非一帆风顺，随后亚视第二大股东、旺旺集团主席蔡衍明状告亚视第一大股东查懋声等人未履行协议，王征的收购遇到了阻力。因此，王征的身份只是“亚视义工”。王征自嘲说：“头没过来，身子先过来了。”

■ 确立亚视中长短期目标

王征说，未来20年会把很大的精力放在亚视上。

看来，收购亚视只是时间问题。自从王征收购亚视的消息被披露后，他就成了香港当地的热门新闻人物。据不完全统计，一段时间里，他在香港媒体的出现频率已经超过了特首曾荫权。

一石激起千层浪。神秘富豪的新闻铺天盖地，各种猜想和质疑也随之而来。

一个内地商人，还是名人的后代，突然要成为香港仅有的两家免费电视台之一的新主子，王征面临多种质疑。作为外行能拯救亚视吗？房产商为何要斥巨资到香港从事电视业？

面对这些质疑，王征说，收购亚视的一切行为都是商业行为，也是他家族的意愿，并无其他原因。他说熟悉他的人对他收购亚视一事一点儿都不奇怪：“我是一个有创意、不按常理出牌的人。房产界给我起了个外号，叫‘另类先锋’。”而不熟悉他的人，对他的举动表示惊讶也属正常。

亚视是香港特别行政区仅有的两家免费电视台之一，成立于1957年5月29日，是全球第一家华语电视台。亚视早期由英国丽的呼声集团拥有，称为“丽的电视”；1982年由香港华人财团接管后，改名为“亚视”；2002年获国家广电总局批准，正式进入广东珠三角9个城市的有线网，向近1亿观众提供新闻、信息及娱乐节目。亚视旗下已经拥有“本港台”和“国际台”两个无线频道和一个收费频道。

丽的映声（1957~1973） 丽的电视（1973~1982） 亚洲电视（1982~1989） 亚洲电视（1989~2007） 亚洲电视（2007~至今）

■ 亚视自创办以来台标的变化。

虽然亚视是香港较早的主要电视媒体，但亚视在香港始终没能超越竞争对手“无线”，大部分时间都处于亏损状态。自1957年以来，已经六易其主。其中不乏显要人物：邱德根、林百欣、封小平、刘长乐和陈永棋等，但他们都没有改变亚视的“鸡肋”状态，亚视的处境十分尴尬。

王征收购亚视，似乎有个人偏好的情结。“亚视曾经拍摄出的《霍元甲》《大地恩情》，都是不错的节目。”

王征说，长期目标是用20年的时间把亚视锻造成“亚洲的CNN”；中期目标是做香港有良心的电视台；短期目标是扭亏。

在王征的构想中，未来的亚视会以新闻为主，发展新媒体，深耕珠三角和澳门地区。要进行“脱胎换骨的改革，不然达不到目的”。同时，他觉得亚视越独立越好，这样会距离目标更近。

■ 亚视的流金岁月，那些记忆中的经典剧集。

■ 打破常规的生财之道

收购亚视之前，无论在内地还是香港，王征的知名度并不高。可能是其沉稳务实的商业理念，让他更实际和冷静，他说：“做生意不要一两次得手了，就得意忘形。”

可以说，王征从商以来，几乎次次得手。1991年，还未读完研究生的王征，单枪匹马跑到香港打工。他觉得香港充满了机会，于是打破常规放弃了当时十分难得的研究生文凭。十分幸运地，凭着在香港天水围炒楼的机会，工作的第一年他赚到人生中的第一桶金——200万港币。

随后王征在上海找到了生财之道：市中心一旦开发，必然有大量的居民要迁居郊外，需要大量的房子。于是，他到市郊盖房子。就这样，王征赚到了1.75亿元人民币。

他是上海最早从事“动迁房”房产业务的人，因此有了“动迁王”的美誉。他因而在上海获得了更多的机会。1993年他响应上海市政府号召，以1.7亿元人民币率先参与上海市土地“实物批租”。此后他开始拓展异地市场，并在杭州、重庆、北京等地进行房地产开发。

1998年、2002年和2003年，王征在北京先后开发了首个奥运主题社区“荣丰2008国际公寓”、首家青年酒店公寓“非常男女”和“非常空间”，皆大获成功。他在北京每个月卖2000多套小户型的纪录，至今没有被打破。

2004年他以低价入股北京银行，待北京银行上市时，成功套现60亿元人民币。

朋友眼中的王征，低调、谦厚、健谈、爱交朋友，平时爱读古书，通晓不少历史掌故。

但你若近距离接触他，你会感觉到他反传统的一面。

王征特有的商业逻辑

在香港和内地商圈活跃多年的王征，对商业有自己的方法论和逻辑规则。但王征自己说，他并没有从商之道，只是做人家不做的东西。利润就是硬道理，其他什么都是空的。王征说，他最受不了“先交朋友再做生意”“先做人后做事”那一套。“哪有时间先交朋友啊？合作过程中再交朋友嘛！”

位于常州的盛宣怀故居。

中国人有两大传统观念：一是传宗接代，二是光宗耀祖。王征说，这两件事他都没有想过。

作为盛宣怀的后人，王征说："这样的一个人物压在我头上，我从来没有想过光宗耀祖，从来没有。"

在王征的概念里，最有成就感的事情就是做人家不做的事情，而且成功了；最有挫败感的事情，则是事情发展不在自己控制之内。

在内地，他比较推崇招商银行的马蔚华、中国海外集团的孙文杰、中国人寿的杨超以及腾讯的马化腾。这几个人身上都有一个共同特点，就是把企业从小做到大、从弱做到强。

在香港20年，王征认为内地和香港商业化程度有差距，目前内地行业机会多得不得了。"我放弃了内地机会，我要做一点儿有意义的事情，做亚视。"

■ 积极冲破收购亚视阻力

2010年3月底，作为"亚视义工"的王征，在香港接待了来访的宁波市领导。参加当天会见的还有他的堂弟、亚视执行董事盛品儒以及香港响当当的人物霍震霆等人。

在香港市场上，亚视已经落下了"媒介的泰坦尼克""富豪的百慕大"的恶名。但是王征说，聪明人做什么都行。"绝不苟且、绝不妥协"，王征十分坚决。

王征对亚视好像是势在必得。可他除了要面对两大股东官司的干扰，以及通过香港广播事务管理局的审批外，还要面对香港人对亚视的依恋情结。

王征对腾讯财经坦言，收购亚视阻力重重，但是他会想出种种办法来解决。王征表示，不管赔赚，20年都不会撤出亚视。"我这个人是不回头的，风大雨大，我都会往里进。我年近半百了，我还要拼搏，不枉此生。"

访谈实录

访谈嘉宾：荣丰控股集团董事长、亚视执董高级顾问 王征

访谈主题：收购亚视

访谈主持人：刘雁

访谈时间：2010年4月

访谈地点：中国香港 西九龙私人会所

腾讯财经：王总您好！之前您做房地产行业，为什么突然想到来做电视这一行呢？

王征：收购亚视的一个原因，是我家族的人感兴趣。这件事我们谈的时间比较久，其实在签约前，已经谈了5个月。如果算上之前和TVB谈的时间，可能有将近10个月。在这10个月里，我们保密工作一直做得比较好，外界没有什么风声。

■ 其实我是最适合做亚视的

腾讯财经：消息放出去后，各界反应怎样？

王征：消息传出去以后，周围的人有两种反应：一种是跟我不是太熟的人，都觉得特别惊讶；另一种是比较了解我的朋友，比较普遍的观点就是“你很适合做这个，也许比你做房地产、做银行更适合”。因为他们觉得我是一个比较有创意的人，一个不按常理出牌的人。过去房地产界给我封了一个外号叫“另类先锋”。

我做的东西都是自己想出来的，甚至会做一些当时的法规还没有规定可以做的东西。比如小户型，我们一个月卖掉2000多套，这个纪录到现在还在北京保持着。根据“九五”规划，小户型那个时候还没有开放，后来还是我去游说的。

从投资小银行来讲，北京银行1996年成立的时候是从信用社改制而来的，叫北京市城市合作银行，一共200多亿的总资产，单单是海淀信用社（中关村信用社）的不良贷款就有60多亿。按照国际标准，这家银行存在破产的危险。当年我们投资这家银行时，还是很少有人敢介入的——银行的不良贷款率高、人员素质差。但随着经济的发展，分母做大了，这些都不存在了，现在北京银行成了最好的银行之一。

■ 我专做弱小的、人家不做的东西

腾讯财经：那您是从什么时候开始对电视感兴趣的呢？是不是做腻了房地产？

王征：因为做了18年的房地产，主要是做小户型，倒不能说做腻了。这当然跟我的经历也有关系，我没什么本钱。说我是某某的第四代，我觉得很可笑。中国有句老话叫“富不过三代”，人们每次提到盛宣怀，我就会开玩笑说，我既没见过他的人，也没见过他的钱。我感到这是我的宿命，我专门做人家不做的东西，包括小户型、小银行、现在的亚视。前两个是小，亚视不小，但目前的情况是弱。我专门做弱小的、人家不做的东西。

过去香港的电视台并不重视大年三十晚上的节目，亚视2011年大手笔制作春节联欢晚会《人气春晚·唱红亚洲》，并安排在大年三十晚8时播出，和央视春晚在同一时间段。王征表示：亚视应该做差异化的东西。人家不做的、做不了的，我们做。时代不一样了，有很多人还看央视春晚，但也有很多人是不看的，我们可以给观众多提供一个选择。而且，亚视不只今年有春晚，明年还会有，而且明年的春晚会准备得更充分。

腾讯财经：有媒体评论说您虽然在房地产市场玩得很转，但可能对于电视行业来说还是外行，您有信心把亚视扭亏为盈吗？

王征：可能只有外行能够把亚视扭亏为盈。

■ 亚视会向两个方向转

腾讯财经：为什么？

王征：亚视需要有一些新的东西，就像腾讯这样的新媒体，它要偏离传统传媒的运作方式，因为过去的很多东西都已经不适用了。亚视以后一是往新媒体转，二是可能要往整个亚洲方向转，真正像它的名字一样成为亚洲的电视。所以我提出了一个目标就是“20年做成亚洲的CNN”。或者严格地讲没有“的”字，就是“亚洲CNN”。

为什么说没有这个“的”字呢？如果说“亚洲的CNN”，可能大家会理解成我要使亚视在亚洲的地位像CNN一样。其实不是。我的一个梦想是用我职业生涯的最后20年，在还有一些经验，精力也还没有完全衰退的情况下，把它做成一个“亚洲CNN”，就是全世界对亚洲感兴趣的人，可能每天都会收看的电视，那样我就达到目的了。

腾讯财经：您在上世纪90年代第一次来到香港，当时亚视在您心目中的印象是什么样子呢？

王征：虽然和无线电视比收视率低一些，但是当时亚视也是非常威风的，经常在报纸上看到亚视某某电视剧收视率多少。亚视有很多好的节目和剧集，比如《寻找他乡的故事》《纵横四海》《霍元甲》《大地恩情》等。香港就炒作这两个台的节目，使之形成一种对抗的局面。

■ 谁赢得青年，谁就赢得未来

腾讯财经：未来亚视新闻这一块还是重点吗？

王征：据我所知，目前亚视的新闻在香港做得还是最好的，未来亚视的新闻肯定还是一个重点。

腾讯财经：您刚才说亚视会向新媒体方向发展，现在有没有问题？需不需要

东方之珠不夜城——香港。

一些改革？

王征：肯定的。不管是“亚洲CNN”目标也好，还是向新媒体转移的目标也好，亚视都需要脱胎换骨的改革，不然难以达到这个目标。就像当年我提出小户型楼盘“非常男女”不卖给35岁以上的人群，这就是一种创新和改革。目前，房地产业也没有人敢这么做。

腾讯财经：所以亚视未来主要的受众是青年。

王征：谁赢得青年，谁就赢得市场；谁赢得市场，谁就赢得未来！

腾讯财经：现在也是一样的吗？

王征：现在我是要在保持过去收视人数的基础上，尽可能把别的媒体受众挖过来，这样可以保持后劲、永不枯竭。

■ 亚视会开普通话频道

腾讯财经：珠三角是亚视未来的主要发展地区吗？

王征：珠三角一亿人口，是最富裕、最有活力的地区，但是亚视过去对珠三角的关注不够。

2011年4月，香港亚视有意投资厦门影视旅游文化产业。王征认为，厦门经济特区作为海西重要的中心城市，具有独特的对台区位优势，他看好厦门的发展前景。亚视及昊天集团控股有限公司与厦门旅游集团已签订合作意向书，拟在厦门岛外建设“国际影视旅游文化集聚区”项目，该项目将是立足厦门，融合中国台湾，辐射亚太地区的影视旅游文化综合体项目。

腾讯财经：据说您还要开设普通话频道？

王征：除了亚视，港澳地区其他的电视台都有普通话频道，像TVB8，凤凰卫视的几个台，华娱卫视等，所以我们要赶快开设普通话频道。如果可能的话，我们的定位可能叫“欢乐亚洲台”。

■ 作为义工感觉很好

腾讯财经：听说您3月15号已经开始在亚视大埔的本部上班了？

王征：对。

腾讯财经：现在感觉怎么样？

王征：感觉很好，作为义工。

腾讯财经：亚视收购手续，现在政府这边还没有批下来是吗？

王征：现在有一个情况是，要卖给我的一部分股份已经签了，但是还有一部分股份要等他们两家老股东的官司打完以后，才能够过户。

腾讯财经：会不会觉得与以前的股东以及董事会的关系比较难以处理？

王征：我觉得日久见人心吧。现在这样的情况下，没人出钱我来出钱，还没有名分，这就是所谓“头没过去，身体过去了”。像我这样的一个义工，好像他们也不能说我什么吧？

■ 我是典型的“香港制造，内地销货”

腾讯财经：您是在内地成长起来的，这次又是首次涉足香港地区的传媒业，两地有何差异？

王征：我不是内地成长起来的，我是典型的“香港制造，内地销货”。我来香港定居之前，在内地没有工作经历，在那里读了两年研究生，但是当时有一个机会——到香港来定居。当时香港跟内地的差距非常大，我非常向往香港。两年时间我已经把研究生的课上完了，最后一年就是写论文，交一篇论文我就可以得到硕士学位，但我宁愿放弃。到现在，我还没有硕士学位，所以我跟香港真的是有缘分。

来港之后我没有在内地企业工作过一天，都是打工，慢慢学做生意。在内地大家说我的做派、脾气、风格是香港人。我们公司也是，不像一个房地产公司，像一个“投行”。然而到了香港呢？他们又说我是个内地地产商，所以我是“左右不是人”。当然只要说我是中国人就好，现在中国人的时机到了。

腾讯财经：您过去冒过很多次险，现在您担心其中的风险吗？

王征：我是一个风险爱好者，我喜欢做人家不做的东西。

腾讯财经：但是这一次可能跟以前有点不一样。您刚才也讲到了这一次可能各方面的投入会更多，而且亚视是很大的，不像以前那些都是比较小的。

王征：没有，其实经营小户型、小银行的压力很大。我觉得目前还没感觉到这一次的难度比以往更大。

腾讯财经：所以这一次还是非常有信心的？

王征：事情如果太过顺利的话，我总感到有问题。凡事不顺利，我总感到是正常的，最终它可能是个好东西。照理说亚视财政有一定困难了，没人注资，应该很轻易地就能得到，我没想到还会谈将近半年。这说明它还是个好东西，大家很看重。

■ 收购亚视是商业决定

腾讯财经：之前也有报道称，这可能有别的因素在起作用？

王征：没有一点关系，这只是一个商业的决定。

腾讯财经：您怎么评价此次支持您收购的五家企业呢？

王征：这五家企业跟香港关系很深，两家在香港上市，当然是世界著名企业。像中国人寿，它是世界最大的保险公司。我对招商银行的评价是，它可能是世界上最好的银行。中国人的时机到了，年轻人，你们要抓住机会了。我虽然年近半百了，我还是要拼搏，就是为了要在亚洲文化兴起的未来50年能够做点什么，也算不枉此生。

腾讯财经：您之前怎样跟他们五家企业的负责人洽谈这件事的？

王征：五家企业中，有两家是在香港上市的企业。目前买卖他们的股票，已经成为香港人日常生活的一部分。还有两家完全是在香港成长的企业——中海和粤海。

腾讯财经：五家企业都很支持您来做这件事吗？

王征：都很支持，他们对亚视也很有感情。中海的董事长孙文杰先生说，他1981年来香港，就是跟着亚视本港台学广东话的。杨超董事长也在香港工作过很多年。所以说聪明人做什么都行，我要以他们为榜样。

■ 20年不会撤出亚视

腾讯财经：有没有给自己设定一个底线？比如说3年如果没有把钱赚到的话，就撤出投资之类的？

王征：我告诉你，20年我都不会撤出，只要我一息尚存。

腾讯财经：很有决心把这件事做好？

王征：我这个人是不回头的。用查懋声主席的话说，越是风大雨大，我越是往里进。

在刚刚落下帷幕的亚洲电视55年台庆的大日子里，亚视特别推出演唱会形式的《ATV台庆劲唱会》，以劲歌热舞会观众。在王征带领下，亚视举办了“万众一心贺台庆”仪式，全台上下一心高喊台庆口号，并拍下了大合照，一起迎接亚视55周年，这也表明了王征重振亚视的决心。

■ 亚视不是缺钱而是缺方法

腾讯财经：您曾经说过，对于香港的电视媒体来说，转型跟发展方向比金钱更重要，是吗？

王征：对。现在人人都说亚视有点财政困难，因为不注资了。我始终认为，对亚视来说钱不是大问题。如果钱是大问题，钱能解决问题，那之前的股东都成功了。之前的各个股东钱比我多，名气比我大，为什么还会不做呢？关键是没找到一个方向，跟这个方向所匹配的运作方法，以及跟这个方法相匹配的人才。

腾讯财经：可以具体讲一讲，您新官上任之后，会从哪些方面着手？

王征：现在新官还没上任，现在是义工。

腾讯财经：大方向已经明确了，就是做“亚洲CNN”。今年的目标呢？

王征：远期目标“亚洲CNN”，中期目标反映香港良心，今年目标扭亏为盈。只要方向对，方法对，再有相匹配的人才，把现有的管理层的士气保持住——因为现在的士气还是不低的——什么20年的亏损，200年的亏损都不怕。

亚视的定位是“香港的良心和时尚”，亚视一方面要做与香港的时尚相匹配的电视台，另一方面要做反映香港社会良心的电视台。这是王征对亚视的精准定位。为了亚视的长远发展，王征坚持亚视不会放弃内地市场，亚视品牌栏目——亚洲小姐就曾在合肥举办，也是25年来的第一次跨地区合作，合作非常成功。

■ 亚视未来的增长点

腾讯财经：那么它未来的增长点，最主要的是什么？

王征：第一是立足香港地区，第二是着力澳门地区。澳门都是看ATV和TVB，澳门人对本地的电视台看得不多。第三是深耕珠三角。什么叫深耕？不是生一个“根”在里面，“根”已经有了，在那里有几十位亚视的同事在，已经很多年了。我们深耕，是“deep”。过去对珠三角关注得不够，是大小两座金山没去挖。

你是不是觉得跟我讲话很有意思，太直截了当了？我不会包装，一件事情一句话，用十句话来讲我不会。

腾讯财经：您觉得这是基于您的性格吗？

位于香港大埔区的亚视总部。

王征：是香港教会我的，我1991年开始来港工作，习惯都是在香港养成的。我跟李嘉诚先生聊过，原来亚视的大股东林百欣先生是我的忘年交。这些前辈，做事的方式简单得不得了。

■ 不要先交朋友再谈生意

腾讯财经：您也是很欣赏这种简单的做事方式？

王征：我受不了的是，到哪里都有人先跟我说“王董事长，我们先不谈生意，我们先交朋友”，还有“先做人后做事”那些话。哪有那么多时间交朋友啊？谈完生意就可以了。然后在合作过程中，你再看我为人怎么样，或者再交朋友。

腾讯财经：您一直行事比较低调？

王征：不是低调，是没有资本高调。

腾讯财经：能不能谈一下您的从商之道呢？

王征：我也没什么从商之道。我是“道可道，非常道”。没什么特定的方法，总之就做人家不做的东西。

腾讯财经：对，敢于冒险。

王征：当然也是因为运气好，没失过手，一旦失手也是一样的。孙文杰董事长这次这么支持亚视，这么支持我，但是我刚刚决定不做TVB，做ATV的时候，他专门找我谈过一次话。他说：“小王，你过去做得都还可以，但是做生意最怕失败，这次你不要栽在里面去，否则可能就爬不起来了。”

后来他看我这么坚定，又看亚视的情况，他就开始支持我。因为他是我的“师傅”，带引号的师傅，他没收过我做徒弟，我也不是中海的人，也不是中建的人。但是他老人家真的是中国的经营之神！所以榜样在眼前，就看我们怎么做。

我做生意最不喜欢谈的几个问题：战略、文化、儒商、先交朋友后做生意、先做人后做事。不做事怎么知道怎么做人？

腾讯财经：但是这些反倒都是内地一些企业所崇尚的。

王征：我在香港马上20年了，我从来没听人说过“战略”两个字，我从来没听做生意的人说过“文化”两个字。但是香港的生意人未必不懂战略，不讲企业文化。

腾讯财经：您刚才说香港的企业家口头上不讲文化，我觉得这也反映了香港企业文化跟内地企业文化的不同。这直接影响了商业的环境，是吗？

王征：商业化还不够，说明两地商业化的程度还不同。

■ 做一点属于未来的事情

腾讯财经：内地还差很多？

王征：还是有差距。现在内地的机会也很多了，但是这些机会我都放弃了。我说过我不再从事新的行业了，20年就把亚视搞起来。钱有多少是够的？做一点有意义的事情，做一点属于未来的事情。对我们来讲，造10座楼跟造1座楼没有什么质的区别，银行的60个亿再变成600个亿也没有质的区别。

王征热心公益，率先赞助东亚运动会；赞助美国费城交响乐团访华演出；1999年，赞助北京京剧事业；2001年，与团中央、全国青联、信息产业部设立“荣丰基金”，鼓励科技创新；2002年，捐款建造江西协和中学教学楼；2007年，捐助四川地震灾区；2007、2008年赞助美疆基金会，解决新疆少数民族儿童就学困难问题；2008年，赞助华东师范大学新校区；2009年8月，率先向台湾“莫拉克”台风受灾区捐款。

腾讯财经：那么，您还会花多少时间去管理荣丰集团呢？怎么样来平衡房地产跟亚视？

王征：因为我们房地产有很成熟的团队，荣丰这支“部队”是特别能战斗的。我们的CEO都是可以跟着员工到街上去叫卖、发传单的。包括我都去。这是我带出来的队伍，所以我对他们很放心，我只需要把握好大方向，然后在具体项目上点拨两下。如果实力上你比不过人家，你就要有特色，走差异化道路。

■ 人到中年，重新出发

腾讯财经：现在选择亚视是更有挑战性的？

王征：我是人到中年，重新出发了。

腾讯财经：所以您以后会把更多的精力放在香港这边？

王征：对，起码一半或者三分之二，原来我的一半时间也在这里。

■ 关于盛宣怀和我

腾讯财经：您之前也提到您是近代最著名的企业家盛宣怀的后代，那您这种务实的商业精神是不是也是从他那里继承来的？

王征：我是盛家的第四代。

腾讯财经：那您在他那里有没有领悟到什么从商的东西？

王征：中国人的两大传统观念我没有。一个是光宗耀祖，我没有。因为盛宣怀太厉害了，富可敌国！还有一个中国人最要命的传统观念——传宗接代，我也没有。这两个传统观念没有，我活得真实。

腾讯财经：您从盛先生那里有没有得到一些感悟？

王征：我个人得到的感悟好像没有。因为差距太大，我做得小。他是中国"现代工业之父""铁路之父""银行之父""通讯之父"。但是对国家的感悟，我受他影响比较大。我经常从他对中国近代化的贡献当中找到一些我们在现代化的过程中可以借鉴的东西。盛宣怀开创了中国近代化中的11个第一，都是"硬件"。第一家钢铁联合企业；第一条南北干线铁路——京汉铁路；第一所大学——北洋大学，就是现在的天津大学；第一家银行——中国通商银行；第一个中国红十字会，等等。这全是"硬件"。还有一个是"软件"：他替李鸿章起草了中国第一个商资商办的公司章程——《轮船招商局章程》。这个是划时代的。

腾讯财经：那岂不是相当于现在的央企？

王征：那倒不是。盛宣怀创办的实业当中有一部分是官督商办的。他认为相关国计民生的实业应该国有垄断，但是绝大多数东西，他都要商办。我当了8年的政协委员，他的这些思想在参政议政方面给我很多启发。关于怎么引进外资，如何抵御外国控制等问题，盛宣怀都有成功的先例。我反对外资入股中资银行，就是从他那里学来的。

王征是“近代工业之父”盛宣怀堂弟的曾孙。记载晚清历史的书当中，都有着一段关于盛宣怀的表述：“写八股文很不在行，却在为人处世和办实务上很有长才。有着惊人的战略判断力，无比精巧的斡旋才干，坚韧的个性和超强旺盛的体力，可谓百年一见的商业奇才。从李鸿章身边的文职跟班到‘近代工业之父’，40年里他创下了当时中国11个行业的第一。”

■ 最有挫败感的一次收购

腾讯财经：20年从商经历中，您觉得您最有成就感的和最有挫败感的分别是什么？

王征：最有挫败感的，也许是一次收购。本来从商业角度、技术细节来讲都没问题了，但是由于一个大形势的原因没成功，这个是很令人沮丧的。

腾讯财经：最有成就感的呢？

王征：最有成就感的就是做人家不做的事情，而且成功了。

腾讯财经：您的生活乐趣是什么？

王征：工作就是乐趣，生活就是工作，都交织在一起了。

■ 做中国的默多克

腾讯财经：您怎样看待默多克？

王征：我要做“中国的默多克”。默多克为了收购福克斯，他不做澳洲人，做了美国人。他为了开拓中国市场，娶了个中国太太。这一切都是从建立他的商业王国和传媒王国出发的。

腾讯财经：将来亚视会从内地引进一些人才吗？

王征：不管白猫黑猫，抓住老鼠就是好猫。管他哪里的人，只要他能干，都可以。

王征把过去的事业归结为两个阶段，第一阶段是20世纪90年代，“瞎猫碰死耗子，一个人拿着两把刀站在战车上，瞎碰瞎砍”。结果，上海的发展机遇成就了一个亿万阔少。第二个阶段，是在北京开发“迷你房”，“这时候是凭真本事吃饭，拼内力，靠团队”。王征说：“我老是喜欢把自己放在背水一战的境地，不喜欢按部就班。”现在，他每天脑子里想的都是亚洲电视。这一次，王征下了最大的赌注——“我这一辈子不再干别的事情，专心做亚洲电视。”听到这席话，尤为振奋的不是那些商业投资者，而是亚洲电视的人。

腾讯财经：不拘一格降人才。

王征：对。我现在收到了很多信息，不少人愿意来做“新闻敢死队”，诸如此类的人才很多。这个行业里面有志之士很多。所以，很多人就是已经在体制内证明过自己一遍，还想用有生之年在体制外再证明一遍。这样的人生不是很完美吗？我愿意跟这些人一块儿往前走。

编辑手记——不按常理出牌的王征

文/刘雁

再次见到王征，已是半年后的事情。这次他递给我的名片不再是“荣丰控股主席”，而是亚洲电视的标准名片，虽然还没有具体职务。

有媒体将他称为亚视的“头号义工”。他笑称：“很享受在亚视做‘义工’的感觉，看问题时会更超脱。从亚视‘义工’到‘头号义工’，说明我还是进步了。”

说这句话的时候，他又露出了笑容，然而不知这笑容是会心的还是无奈的。他戴着一副蓝边眼镜，看上去斯文而儒雅。

那晚，作为“头号义工”的他参加了亚视举办的“感动香港十大人物”颁奖晚会，现场来了许多娱乐明星，“压轴戏”是以他为代表的亚视新一代领导集体亮相。

在聚光灯下，我看到了不一样的王征，那个总是不按常理出牌的男人。他说，男人活着就是为了证明自己，光环下的他再次用众人的掌声诠释了这句话。

作为“中国现代工业之父”盛宣怀的后代，他在光环笼罩中成长，却有着叛逆的想法。中国人有两大传统观念：一是传宗接代，二是光宗耀祖。王征说，他都没有。

年近半百的他却始终保持着年轻小伙子的冲劲儿，脑子里总蹦出出人意料的点子。从放弃内地研究生文凭转而赴港做事开始，他的经商之路从起点便表现出与众不同。

从涉足房地产到银行，再到目前的电视媒体，可以说他的每一次转身都没有按照常理出牌。用他自己的话说："我喜欢做别人不做的事情，专门做弱小的，这是宿命。"

在我采访过的诸多企业家中，坚持似乎是他们成功的"尚方宝剑"。例如，"太太口服液"的创始人朱保国便说，他的成功秘诀就是坚持、坚持、再坚持。然而，在王征身上，我看到的却是不断去探索新领域的冒险精神。

这似乎不太符合上海人给人惯有的印象。当他给身边的亲人讲着吴侬软语时，我甚至怀疑眼前这个人，是不是那个高调宣布20亿港币购买50%亚视股权的王征。

这一次，他又向我透露了一项即将在亚视推进的改革——计划2011年主动缩减一半广告，向"注水电视"（指广告过多节目）开战，提高节目质量。

这又是何其大胆的一次尝试，敢问有哪家媒体有主动削减广告的勇气？尤其是当这家媒体本身尚未实现盈利的情况下。

但王征就是敢这么说，这么做。他还说，要做"中国的默多克"，要把亚视打造为"亚洲CNN"。

我不禁为他捏了一把汗，但眼前的他却是那么信心满满。如果我是投资人，我也会投他一票，因为就算是炒作也是需要勇气和技巧的，不是么？

末了，在我们闲聊时，他无意间说出自己很喜欢王菲和她的歌。因为王菲在演唱会上从来不说一句废话，只专心地唱自己的歌。他欣赏的是这种做事的精神。

新希望集团董事长 刘永好

坚守“新希望”的刘永好

■ 早期的时候，我们是为了能够生活得好一点儿；后来，我们是为了让形象好一点儿；再后来，我们就是为了能让弟兄们的日子都过得好一点儿；再往后，我们就是为了承担对国家和社会的责任。

■ 实际上我们做金融也好，房产也好，这些投资收益都很好，可能十倍于我们的农业投资。但是我们董事会开会讨论来讨论去，最后主体还是做农业。

成 功 轨 迹

1982年，刘永好与3位兄长一道辞去公职，到四川成都新津县农村创业，经过6年时间，积累了1000万元，并在80年代末期转向饲料生产。

1992年，注册成立希望集团。

1996年，刘永好组建了新希望集团。

1998年，新希望集团控股四川新希望农业股份有限公司在深圳证券交易所上市。同年，新希望进入房地产领域，并成功开发成都当时最大的高端房地产项目——锦官新城。

2000年，刘永好被美国《商业周刊》评选为“亚洲之星”。新希望集团获得中国企业协会授予的企业杰出管理奖。

2002年，新希望收购成都湔江化工厂、四川阳平乳业，由此开始进入化工业、乳业。

2006年和2010年，刘永好两度成为“CCTV中国经济年度人物”，被称为“永远的麦田守望者”。

2010年，刘永好进入中国胡润百富榜名单，名列全国20名，以财富250亿元成为川渝地区首富。

刘永好印象

文/张沉

中国有句谚语：“家财万贯，带毛的不算。”其中折射出人们对养殖业风险控制的担忧。刘永好的商业实践，似乎颠覆了这一说法。

从1982年创业开始，刘永好和其家族在29年的时间里，一直以养殖“带毛”的动物为主业，稳健发展，口袋不断变鼓。

“胡润富豪榜”的缔造者胡润曾表示，在中国企业家中，他最敬佩的企业家之一就是刘永好。因为从他1999年开始排中国富豪榜开始，很多人都起起落落、风云变幻，只有刘永好稳稳地占据在他榜单的前列，而且有几次还是头名。

从刘永好的商业轨迹上不难发现，虽然他也投资房产、金融，但是他一直坚守着农牧产业。以此为主业，不断创新和壮大。

专注、专一是刘永好的特点。成为富豪多年，他依然保持着成功前的习惯，例如到同一家理发店理发、和员工同餐、爱吃回锅肉和麻婆豆腐……当然，最好的习惯是从来没离开过农牧产业。

■ 成都市新津希望饲料厂大门外。

■ 刘永好与陈育新在养殖场。

确实，养殖业存在巨大风险，尤其是猪肉价格徘徊在低位的时候。可能刘永好就是习惯于反周期投资的人，或者说是对自己的判断有足够信心的人。他对腾讯财经表示，新希望集团已经和农业银行某分行签订了30亿元融资票据，“绝大部分用于农牧业”。同时，新希望集团还会加大海外投资，在东南亚的一些国家建多家加工厂。

有这样的力度和决心，可能是缘于他对养殖业的多年研究和探索。用刘永好自己的话说：“我们正在做别人没做过的事情。”而且通过多年实践，他已经总结出了“猪经济”理论，足够支撑他面对一切危机。

■ 规模化养殖成就“新希望”

在中国，靠养猪业发大财的人真不多。因为猪肉价格始终难以控制，忽高忽低，而且养殖过程中存在各种各样的不确定因素。

而作为中小养殖户特别是中国农民养猪户，虽然很想在猪身上赚到大钱，但却很难实现。刘永好说，中国农民养猪之所以赚不到钱，是“小农经济和大市场之间的矛盾”所致。

因为农民虽然很现实，但是很难对市场作出正确的判断。这样就形成了猪少了，肉价高，农民开始大面积养猪；猪多了，肉价低，大家就开始杀猪；再后来，出现价格再升高，这样循环往复的局面。这个怪圈，折磨中国农民至少20年，却一直没有好的解决办法。

在刘永好看来，农民养猪户不能分析全国形势，不能把握市场周期的脉搏，不能作超前的预测，这就是小农经济跟大市场之间的矛盾所在。同时，养猪业不像金融业和房产业存在进入的高门槛，人人随时都可以进入，使产业形成了难以控制的局面。

刘永好认为，养猪业在实行规模化、现代化、信息化和组织化以后，就能够尽量避免这些难题。因为规模化养殖以后，统计数据、信息、计划、安排都到位了，养猪户预测市场的能力提升了，就可以提前预知和判断风险了。

同时，规模化养殖后，产业链可以拉长，可以降低价格震荡造成的不必要的恐慌，新希望集团就建立了“以丰补歉机制”。所以，我们看到即使在猪肉价格超低的年份，新希望集团依然从容地加大对农牧业的投资。

规模化养殖是赚钱的有效渠道，刘永好早就摸准了这条路子。新希望2005年并购全国最大的鸡饲养、屠宰、加工巨头六和集团，几乎掌握了整条禽类生产链；通过控股华北地区最大的生猪饲养和深加工企业“千喜鹤”，刘永好一举进入猪肉加工业这一中国需求量最大的肉制品行业。他的扩张于无形无声之中。新希望在四川、河北、辽宁等地大力建设发展生猪产业链，在当地农村发展合作养殖户，并且通过合作农户，盘活新希望从种猪到屠宰，再到加工的整条产业链。

而养猪业一直被刘永好看中的原因是，他认为猪肉的刚性需求是一直存在的。于是他推进了合作社生产方式这一创新举措，把过小、过散的农民养猪户组织起来实行规模化养殖，让农民先赚钱，新希望再赚农民的钱，双方互利互惠。

为了解决农民的发展资金问题，新希望联合政府共同成立担保公司，用以解决新希望体系内的农民合作者的资金需求。从2008年开始，新希望集团先后在山东、河南、湖北、四川等农业大省成立了16家担保公司，仅2009年一年，通过新希望的农村担保公司发放的贷款就覆盖了10万户农民。

如今，新希望集团四大产业集群的产业格局已经清晰：农牧与食品、化工与资源、地产与基础设施、金融与投资。这四大产业集群使新希望集团拥有稳定的增长曲线、良好的现金流、强大的资产储备，能够应对挑战。

希望科学技术研究所

■ 刘永好五兄妹合影。

■ 坚守农牧产品之路

谁也想不到，就是因为二哥刘永行为了在春节时能给儿子买上一点肉吃，在马路边摆摊修理电视和收音机，几天就赚了300元（相当于当时的10个月工资）这件事，开启了刘永好家族的创业之路。

1982年，刘永好和三个哥哥（刘永言、刘永行、刘永美）走上了创业之路。在第一次打造“新意音响”的买卖胎死腹中之后，他们找到了养鹌鹑、养鸡、养猪和卖饲料这条希望之路。刘永好一直坚守着农牧业，不曾动摇。

这期间充满了无数次的诱惑。刘永好说，10年前，他们做了一些房地产，也做了一些金融投资，都赚了钱。内部开董事会时，有人提议干脆我们多做金融和房地产，少做农业。但董事会讨论来讨论去，最后决定企业的主业还是做农业。

刘永好说，他10年前如果把主业放在房地产和金融上，他的资产一定比现在多，但他不后悔选择农牧产业。用刘永好自己的话说，做农业一方面是企业的社会责任，因为企业员工大多是搞农业出身的，另一方面是他们希望探索出中国农牧业的发展道路。

反观中国改革开放30年，很多企业成了“流星”。究其原因，从财经作家吴晓波的《大败局》的案例分析中，可以看到一个显著共同点——多数企业因为不够专注，过于追求扩张，而败走麦城。

而刘永好认为，企业一定要按照既定的模式去发展，“我们听很多企业家说过这样的话，10年达到世界500强。可是没多久，这个企业就没了”。刘永好表示，房地产不是主业，将按照适度的模式发展，不管国家的宏观调控以及相关措施会怎么样，自己会按照自己的路走，这样会更符合企业自身的发展。

同时，刘永好表示，新希望房地产也有一定规模，收益蛮好的。房地产、金融的投资，对新希望的农牧业是一个备输——“我心里面踏实了，我不怕，就算我亏得血本无归，我不赚钱了，我心里面都知道我不会垮掉。”

在刘永好的规划中，农牧产业和其他产业的比重是8∶2，而目前集团农牧产业和其他产业的收益比正好是2∶8。

高明的处世方法

中国商界习惯把改革开放后的企业家分为三代。作为第一代企业家代表，刘永好和鲁冠球至今依然十分活跃。究其原因，除了刘永好对商业的专注和精确的判断力之外，还有其处世方法的高明之处。

新希望如今已经是中国顶尖的民营企业，但是你很难想象这样的一家企业的总部，依然在成都一栋很不起眼的楼内。而新希望建的高档写字楼，在成都却很容易找到。

■ 位于成都市武侯区的新希望大厦。

这可能就是这家企业和刘永好的作风——内敛和节俭。在中国企业家圈流行打高尔夫、玩游艇、玩飞机的时代，刘永好显得很"老土"。刘永好自嘲不会喝酒、不会抽烟、不会打麻将、不会跳舞、不会对明星和名牌感兴趣，最大的爱好是摄影。

没架子和微笑，成了刘永好的招牌。成名多年，刘永好一直和媒体保持着良好的关系。

与很多企业家不同的是，刘永好从不排斥媒体。每年"两会"前，他都会在北京召集一些记者谈自己的提案和想法。刘永好往往会主动与媒体接触，这可能与他在创业初期，就懂得往农民的猪圈上贴"养猪希望富，希望来帮助"的小广告并且获益有关。

与媒体保持友善的交流很重要，与政府建立有效的沟通更重要。刘永好家族从创业之初，就注意到了这一点——要认清国家的发展形势。当初建立育新良种场前，他们就知道主动找到当时的县委书记询问确定："创业要不要得？"这种意识可能从创业之初一直贯穿到现在。

在企业家圈子中，很多大佬都是他的好朋友，包括柳传志、鲁冠球、郭广昌、马云等。应马云之邀，刘永好投资了马云等人组建的云峰基金。

■ 如何看马云、牛根生和自己

采访将要结束的时候，刘永好突然主动提起了马云。

"私下里我们就在讨论，很多90后对他的形象非常认同。这种形象和这种能力的汇总，叫做马云现象或者是马云规则。"刘永好说。

马云如今已经成了中国企业家俱乐部不可缺少的"活宝"，他的出现一定会给大家带来快乐。

当被问及怎样看待金钱和人生的关系时，刘永好的看法是，财富更多的是你对社会贡献的评判，一个尺度和奖励。其次，有了这些财富，可以做自己更愿意做的事情，对社会对人类有益的事情。

20岁之前从没穿过一件新衣服的刘永好，到现在已成为中国超级富豪，这是十分经典的励志故事。对此，刘永好不以为然："回顾我们所走过的路，从社会意义上来讲，我们做一些应该做的事，而不会做一些不该做的事，这也是我自己做事的一个原则。"

访谈实录

访 谈 嘉 宾：新希望集团董事长 刘永好

访 谈 主 题：新希望集团近30年稳步发展的秘诀

访谈主持人：刘雁

访 谈 时 间：2010年4月

访 谈 地 点：四川成都 新希望总部

腾讯财经：听说，您正在搞一个网站，开始“触网”了？

刘永好：是的。我们成立了西部农村电子商务网。广大农民朋友要技术服务靠什么？靠技术员。其实，农村养殖业出现的一些小伤、小病、小问题，可以在网上查询。如果鸡出毛病了，农民用视频摄像头把鸡一照，摄像头对面的专家就看到了。然后专家再问一问情况、让农民把鸡的体温测一测，就有可能指导农民用什么药、怎么样去防病、治病等。

同时，网络会把市场的预测、信息的收集和产品的收购结合起来，这些都非常有价值。我们的西部农村电子商务网已经通过了国家发改委的专家组的评审，国家发改委也给我们专项资金的支持。世界银行也表示愿意支持，可能会给我们相应的贷款。比尔·盖茨基金会也提出只要世界银行的贷款到位，他们也会给予无偿的支持。

腾讯财经：预计什么时候能办完？

刘永好：这个事情都办了很久了，虽然国家发改委已经批准了，但是现在要走的路还很长，不是那么容易。因为世界银行的贷款，需要地方财政来确认，而且要有担保。现在相应的企业可以提供担保，没有问题。同时，由于国家发改委也很重视，一些金融机构也愿意支持这件事。

新希望目前已成为国内规模最大的农牧上市公司。早在2002年，刘永好就确定了“两心一点、四轮驱动”新希望产业格局。“两心一点”即饲料及其上下游产业、金融与投资两大利润中心，而“四轮驱动”指以公司目前投资经营的四大产业板块带动企业的高速发展，即饲料业、乳业、金融投资业、高新科技产业。2010年，新希望的营业额为584亿元人民币。今天的新希望集团就像一艘航空母舰，旗下拥有400多家企业。未来的刘永好和新希望集团，将围绕“五农”概念，做好“农业、农村、农民、农企和农社（合作社）”的组织和发展，提倡并践行现代农业理念。

■ 我们正在做别人没做过的事情

腾讯财经：这些年来，我们感觉新希望一直在不断创新。

刘永好：是的。新希望集团这么多年来，做了很多尝试。第一，我们有两家技术服务公司，现在有超过5000个农村技术专家在基层服务；第二，组织农民加入合作社，目前已经有一两百个合作社了，我们服务了数以万计的农户；第三，我们成立了金融担保公司，专门为养猪户、养鸡户担保；第四，西部农村电子商务网开始做试点了，我们会在西部地区逐步推广；第五，我们也在争取建立国家示范基地。比如说，我们在规模化养猪的过程中，将猪的粪便集中处置，然后通过沼气发电，国家对这些项目都有专门的帮助措施。

腾讯财经：养猪方面，新希望还有哪些探索？

刘永好：我们正大力推进种猪场的建设，最好的原种猪是加拿大的海波尔猪。几年前，已经投产了，现在原种猪一代代地正在出栏。接下来我们还要培育原种的、祖代的、父母代的猪，我们做了大量的工作。做这件事特别辛苦、特别烦，因为很多事以前没人做过，我们要去闯、要去摸。这个过程中，会牵扯到政府，又牵扯到农民；牵扯到科技，又牵扯到市场；牵扯到金融，又牵扯到技术，牵扯到国际合作，等等。我们试图用几年的努力去走。现在很长一段路已经走通了，我们希望走通了整条路以后，能形成一种模式。这种模式先在我们集团内部推广，然后再在全国逐步推广。有些企业率先走一步，形成一种模式，然后国家总结并参照这种模式，最后找出一些符合中国国情的办法来加以推广，我觉得这是中国农业走绿色发展道路的路线图。

刘永好，这位被称作“内地首富”的人有两个特点：比常人更爱学习和更专注。60岁的刘永好仍然像一台加满了油的发动机，他说他的时间一分为三：“1/3用来处理新希望集团内部关键性问题；1/3跟一流人才打交道，倾听他们的意见、建议以及在他们需要的时候给予我的建议；另外的1/3用来学习和研究企业发展问题。”他将自己所有的时间都用在不断学习和关注农牧业上。

■ 农民养猪赔钱是小规模和大市场的矛盾

腾讯财经：中国这几年猪肉的价格涨涨跌跌，养猪户有时赚钱，有时赔钱，总在坐“过山车”，您认为原因在哪里？

刘永好：其实，这是养猪户小规模和大市场之间的矛盾。现在猪肉市场需求很大，市场很大，而生产单位特别小。养猪户对市场的捕捉能力、预测能力、判断能力和把握能力不够。往往是今年养的猪少了，猪肉价格就高了，大家都去养母猪。或者，国家给予支持、补助多了，农民就开始多养猪了，最终的结果就是市场承受不了那么多猪肉产品，猪肉多了以后价格就降了。

腾讯财经：您的意思是市场刚性需求是一直存在的？

刘永好：猪肉是一种刚性需求品，不像衣服，便宜我就多买几件搁在那儿。当猪肉价格高的时候，首先是市场消费者有反映。这个时候政府对养猪户又给补贴、又给支持，各级政府动员农户多养猪、扩大规模。农户对市场有了信心，大家就都开始养猪了。结果猪就养多了。养多了以后，市场肯定消化不了。最终只能用价格来调整，价格往下降，一低再低。

■ “猪经济”现象

腾讯财经：这样的周期有规律吗？

刘永好：以前这种周期变化不超过一年，现在半年多一点就调过来了，因为养猪周期不到半年。但是今年这次降价很厉害，持续很长时间了，猪价始终低。春节前，猪价就比较低。很多养猪户说这个价格太低了，要等一等再卖。结果，过了春节后，价格更低。越等越低。中央电视台还有一个报道：猪都长到300斤了，结果卖价更低。因为猪越肥，越不好卖，价格低到四块钱一斤，人家都不要。你想现在蔬菜都卖三块多钱一斤，猪每天要吃那么多饲料，卖的钱越来越少，所以农民非常难，因为养猪的钱很多都是贷款来的。农民压力很大，最终的结果就是不再养猪了。然后市场价格慢慢就平衡了。

现在国家又开始收储了。据测算，粮食价格跟猪肉价格为6∶1是正常的。低过6就不正常了，低过5就是极度亏损。现在这个比率在5到5.5之间，个别地方甚至低过5，这种情况下国家开始收储猪肉，农民开始杀猪。

猪肉价格作为CPI的风向标，关乎宏观经济主动脉。2006年以来，其剧烈波动的走势已吸引了若干企业跨界投资其中。刘永好一如既往地稳、狠、准，牵一发动全身。对于“猪经济”，他不是在投机，而是在努力把握经济规律，研究农民和农村的市场情况，结合城乡居民的消费习惯，布局宏观农业版图。在这个蓝图里，有的不仅是新希望，还有农业产业生产链上的每个参与者和消费者。

腾讯财经：那您认为猪肉价格，什么时候能涨上来？

刘永好：假设大家都不养猪，把猪都杀了，就意味着半年以后甚至是一年以后，市场上的猪肉就不够了，价格又会涨高。这种不断循环往复的经济现象，就是“猪经济”。

关于这个现象，我最近这几年研究很多。这是小农经济和大市场的矛盾。生产者是亿万农民，他们很朴实。市场好，农民就养猪；农民看的是今天，不是看明天，他们也没有办法预测明天。他们没有办法去统计、分析，因为规模太小。

农民养猪户不能分析全国形势，这就是小农经济跟大市场之间的问题，不能把握市场周期的脉搏，不能作超前的预测。

农民怎么预测中国的CPI涨不涨？中国猪肉价格今后高不高？他怎么能知道？他只能很朴实地看，隔壁的张三、王五养猪赚钱了，他就养；隔壁张三、王五养猪不赚钱，他就不养。而且他不养猪，可能影响得张三、王五也不养猪了。

■ 规模化养猪才能对抗风险

腾讯财经：有更好的解决办法吗？

刘永好：其实，养猪实行规模化、现代化、信息化和组织化以后，就能够尽量避免这些问题。因为养猪户的预测能力提升了，统计、数据、信息、收集、计划、安排都到位了。但是它只能在一定程度上起作用，完全解决问题是不可能的。

腾讯财经：您旗下有上万户养猪农户，他们对抗风险的能力怎么样？

刘永好：虽然一样受影响，但受影响会小一些。首先，因为我们的产业链比较长，我们有“以丰补歉”机制，在丰年、价格高的时候，我们适当提取储备金。第二，我们把养猪户组织起来以后，容易得到政府支持，也容易得到金融机构的帮助。因为一户养猪户没有办法跟金融机构谈，我们联合起来，形成规模就可以去谈。第三，由于我们产业链拉得很长，在仔猪上可以赚钱，在养殖上可以赚钱，在销售上可以赚钱，在加工上也可以赚钱。产业链拉长以后，利润点适度地分配到各个环节，更合理一些。

我们的抗风险能力比较强一些，还表现为我们猪的品种更好，料肉比更低，成本比较低。另外，规模大了以后，人工成本摊得就低。这种转型，对不健康的或者不适应社会的猪经济格局来说是一种改善。

腾讯财经：这种尝试中，您觉得最困难的是什么？

刘永好：尝试过程中什么都困难。首先，需要大量的资金。不要说养猪花不了多少钱，如果养几万头猪、几十万头猪、几百万头猪，那需要很多钱。第二，要把农民组织起来也比较难，因为要取得农民的认同。以前祖祖辈辈都这样养猪，你要改变他们的习惯，需要一个过程。第三，需要得到金融机构的支持。这种事情以前没有人做过，我们是在探路，做起来很难。但是我们已经走到这条路上去了，我们不这样做谁来做呢？

对于规避风险，刘永好有自己的应对法门。任何一次对外合作、投资、并购，刘永好作出决定的时间都会很长，不仅自己要想明白，还会寻找许多相关的专业人士征求意见。求证过程之繁，甚至会让许多内部下属都感觉做了过多无用功，会浪费一些转瞬即逝的机会。但刘永好对这一切有自己的解释，那就是他的“顺潮流而动，快半步”理论。如果过于激进超前，“快一步”了，好的结果是成了先驱，坏的结果就会成先烈，这结果就变成了一场赌博，那是刘永好万万不愿意做的。他更愿意既不断寻找新的机会，又像一个工匠或者艺术家打磨一块石头最后雕成一座塑像一样，花上几年、十几年时间，慢慢精工细作地打磨它们。

坚守主体做农业的战略

腾讯财经：您为什么这么痴迷农业？

刘永好：10年前，我们做了一些房地产，也做了一些金融投资，都赚了一些钱。我们内部开董事会，有人说干脆我们多做金融，多做房地产，少做农业。因为农业确实风险特别大，利润又特别低，而且进入门槛也太低。进入的门槛低就意味着没有壁垒，意味着市场化的程度特别充分，意味着利润极低。像做金融也好，做房地产也好，进入的门槛很高，不是每个人都可以做，它有壁垒、有垄断。

实际上我们做金融也好、房地产也好，投资收益回报都很好。但是我们董事会开会讨论，最后还是决定主体做农业。第一，这不是一个赚多少钱的问题，而是一个社会责任感的问题。对内，我们这几万员工都是做农业出身的；对外，我们都是养猪的、做饲料的，让他们去做金融业，不现实。第二，中国的产业要发展，总得有人去探路。探路就得有代价。我们去做比别人更有优势，因为我们对这个领域更熟悉，经验更多，实力更强。第三，整个社会需要。这不能够简单地拿能够赚多少钱来衡量。比尔·盖茨捐了几百亿美金来做慈善基金，实际上他根本就没有考虑他自己赚多少钱了，因为他做的这件事是对社会公益有帮助的。我们从事农牧业，也有很大的社会公益成分。玉树地震的时候，有的企业捐了一个亿，有的企业捐了几千万，我觉得这些行为都挺好，我很赞成。这表明我们这些企业家的社会责任感提升了。

刘永好一直热心公益，他希望通过产业帮扶映秀地震灾区。他与当地政府签订了40年的协议，要把映秀建设成一个旅游的高地，建设成经济发展的高地，收入水平要超过县城。据了解，新希望集团在老、少、边、穷地区已投资40多亿，在贵州、西藏、甘肃、四川、云南等地区投资了30多个项目。

我们在农牧业这方面脚踏实地地做一些人家不做的事，实际上我们在变相地作很多贡献，我们没有像别人一下子捐多少钱。但是我们脚踏实地做这些事，效益更高，受益人更多，走得更长远。

这是社会责任，你做企业的目的是什么？早期的时候，我们是为了能够生活得好一点儿；后来，我们是为了让形象好一点儿；再后来，我们就是为了弟兄们的日子都过得好一点儿；再往后，我们就是为了承担对国家和社会的责任。

2011年1月18日，在北京市最高建筑——国贸饭店，人们的目光再一次聚焦在刘永好身上。他再次被评为“2010CCTV中国经济年度人物”。2010年，刘永好将农牧业资产整体上市，新希望一跃成为国内市值最大的农牧产业巨舰。他为农民提供资金，他为农产品价格揪心，他为农村接入互联网，他以农企和农社串起现代大农业，被誉为“永远的麦田守望者”。

■ 地产金融的投资是对我们农牧业的备输

腾讯财经：现在会用金融、房地产业来反哺农业吗？

刘永好：我们一直这样做。

腾讯财经：今年在房地产这一块有什么样的计划呢？

刘永好：房地产虽然不是我们的主业，但是我们的房地产也有一定规模，收益蛮好的。房地产、金融的投资，对我们的农牧业是一个备输。就算在农牧业我不赚钱了，甚至亏得血本无归，我都知道自己不会垮掉，因为我还有房地产和金融在支持。

我们将金融和房地产通过规模化发展起来，然后不断地补充、支持我们的农牧业。10年以前，我们已经在做金融和房地产了，而且当时我们的实力在民营企业中是比较强的。假如当时我们转型了，只做金融和房地产，凭我们的努力、基础和聪明才智，相信我们公司的市值会比现在高很多。

可是现在，我一点儿也不后悔。虽然说公司的回报要低一些，但是我做了很多的事，得到了社会的尊重，得到了农民的拥护。看到更多的农民收益提高了，我确实感觉到很高兴，而且得到了政府方面的尊重。经常有政府领导请我去谈谈观点和看法，我也被评为“劳动模范”，被授予很多的荣誉。我觉得得到荣誉都是其次的，最重要的是你自己觉得应该这样去做，这样做值得。

关于民生银行，其实还有一段趣话。当年刘氏兄弟创业的时候，银行连1000块钱都不肯贷给他们。于是有人戏言，“君子报仇，十年不晚”，10年之后，刘永好就要捣腾出一个民营银行和国有银行抢饭碗。当然，这只是说笑。实际上，就在自己占大股的民生银行，刘永好从没有贷过一分钱的款。该做的事情，再困难也要做下去，这才是中国企业界最缺乏的“大智慧”。

腾讯财经：最近，您跟农行的分行签了30亿的票据融资，这笔资金会用在哪里？

刘永好：大部分用于农牧业发展方面。

腾讯财经：现在这几项业务都产生利润了吗？

刘永好：有的产生利润了，有的利润要低一些。

■ 将扩大海外投资

腾讯财经：新希望今年在这几方面打算投入多少？计划多长时间收回成本？

刘永好：这个投资是不断的、持续的。不是说今年投了多少钱，今后就不投了。我们每个月都在这方面投资，每天都在计划。比方说，我们现在一个主要的目标是加大对海外农业产业的投资。我们已经在海外有十来家工厂了，未来还要在海外建至少10家工厂。今年我们要新建两三家工厂。

腾讯财经：主要是哪些国家呢？

刘永好：在越南有四家了；在菲律宾已经两家了；在孟加拉国已经有一家，准备再建一两家；在印度尼西亚有两家了。另外，我们准备在一些新市场做些投资。

腾讯财经：投资回报有预期吗？

刘永好：我们在海外的投资回报率甚至高过国内。

新希望的海外事业起步于1996年。刘永好将产业目标盯准国外，源于国内饲料行业的高度竞争。去国际市场拼搏锻炼，不仅有利于积累经验，而且也是企业国际化的必由之路。2011年，刘永好提出了新的国际化战略：将新希望“达到世界级农牧企业中等水平”，这也是刘永好第二个“五年规划”的目标。再过五年，在国外建成二三十家企业，形成一定的规模，是刘永好给自己定的硬任务。

腾讯财经：您在海外建的都是加工厂吗？

刘永好：对。用当地的农产品加工成饲料做养殖，做我们的主业。

腾讯财经：未来这种主业和金融、房地产等辅业的比例，会发生很大的变化吗？

刘永好：从销售值来讲，我们80%多是农业，其他的只占百分之十几。但是收益不是这样的，收益可能正好是2∶8。

腾讯财经：您刚才提到，在您的合作社里边，农户签约之后收入有很大的提高。您能不能给我们具体的数字，比如说，加入这些合作社的农民跟没有加入的农民，收入有什么样的差别？在这一轮猪肉价下跌之后，他们的情况有多大的不同？

刘永好：这次肉蛋奶价格下跌是全面的下跌，我们合作社的农户一样受影响，只不过我们受影响的程度要低一些，因为我们抗风险的能力至少提高了一倍。我们希望使合作社里农民的收入接近或者是达到外出务工人员的收益水平，这是我们基本的想法。

腾讯财经：您这么热衷农业投资，除了刚才您提到的社会责任外，是否投资农业长线，回报率较好？

刘永好：龙头企业往往承担了收储的责任，我们签订合同以后，即使市场价格低了，我们也要按照合同执行。为此我们经常一亏就是几千万、一个亿、两个亿。为什么呢？因为当时是按照几个月以前的合同执行的，那个时候市场好。你签好合同几个月以后，价格跌了，你还得按照合同执行，因为你有这个责任。

因此新希望集团今年第一季度收益确实不是太好，但是也有好的时候。如果市场价格上涨，农民往往要求适当的补助，我们原则上会在原价执行的基础上，再加上一个溢价。

腾讯财经：说说您在海外投资不同的感受。

刘永好：我们在海外的投资支持了所在国农牧业的发展。公司操作十分规范，给我们海外员工带来较好的收益，也有利于解决当地就业。正因为这样，我们受到广泛的认同。越南上一届总理潘文凯就专门拜访新希望好几次。有一次我跟潘文凯先生对话3个小时，他带了50几个内阁成员。他想了解中国的生意究竟怎么做、税收怎么办……我们谈了很多。

另外，由于我们做得比较好，也帮助了当地畜牧业的发展。从某种角度上讲，我们在海外的发展为外交工作作了积极的贡献。

■ 关于云锋基金

腾讯财经：今年，新希望集团也投资了云锋基金，这是出于怎样的考虑？

刘永好：受马云和其他朋友的邀请，我成了云锋基金首期投资成员之一。这不仅仅是投资行为，因为他们有一个专业的团队来管理，具体运作。大家都是好朋友，在一块儿交流，在一块儿沟通，在一块儿投资，我觉得很愉快。

腾讯财经：今年房地产行业很热，新希望会在这块加大投资吗？

刘永好：房地产不是我们的主业。在房地产方面，我们将按照适度的模式发展，按照自己的路走，这样更符合企业自身的发展。

腾讯财经：刚刚谈到农业，其中涉及到金融这一块。民营企业获得贷款比国有企业困难得多，成立担保公司申请贷款是不是困难会更大？

刘永好：农民贷款难的原因是农民没有担保，银行按照规则要求贷款人必须有担保。担保公司的组建，使得这个问题得到解决。而我们担保公司不是一个简单的担保公司，是跟合作社、产业链结合起来的，是有保证的。过去这几年，我们通过担保公司放出去的贷款基本上都没有坏账。因为这个体系是封闭运行的，农民贷的款，他拿不到现钱。银行对这些钱实行专项支付，买苗是买苗的，买饲料是买饲料的，买建筑材料是买建筑材料的……这种运作模式得到金融机构的认同。这几年下来，银行发放给农民的贷款的利息原来是上浮30%或者是更多，通过我们自己组建的担保公司现在已慢慢降到10%，很多地方还完全是平息了。这是很不容易的。

这说明我们的工作得到了银行的认同。这件事我向银监会的领导多次汇报过，银监会对我们的探索成果给予高度认同，希望我们在这方面能够做得更好一些。因为国家有这样的要求——金融业必须要支持农业。我觉得这样做，既帮了农民又帮了银行，而且企业也得到了发展，这样的事为什么不做呢？

2011年1月26日，新希望财务有限公司(以下简称财务公司)正式成立，新希望集团董事长刘永好成了名副其实的“金融家”。尽管早早地投资了民生银行和几家金融机构，刘永好始终将其界定为“投资行为”，直到财务公司成立，刘永好才承认走出了产融结合的第一步。“不管金融的蓝图如何美好，财务公司最终还是要回到为新希望的农牧主业服务上来。”刘永好说。

腾讯财经：担保公司是有地方政府参与的吗？

刘永好：很多都有地方政府参与，最近我们在探索是不是让一些国际机构也参与。

腾讯财经：哪些国际机构呢？

刘永好：我们跟有些国际机构讲，在中国赚了那么多钱，你们应该对中国最需要帮助的群体给予一些帮助。我对他们说，帮助了这些群体，你们也树立了你们的形象，同时有可能会得到更广泛的认同，甚至是中国政府的认同。我也跟国际上好多大的金融公司的老总谈，有一些公司愿意考虑。最近，我们在接触之中，希望他们参与进来。

腾讯财经：这些国际机构会动真格的吗？

刘永好：他们想在中国多开拓不管是金融方面或者是其他方面的市场，希望得到中国老百姓和中国政府的认同，而这个时候多做一些好事是有利的。好事做多了，自然就有好报。

■ 如何看“马云现象”

腾讯财经：谈点有趣的事情，在中国企业家群体里，马云成了一个“马云现象”，您怎么看？

刘永好：马云，智慧、聪明、懂管理，有很好的全球商业视野，表达能力也极强，市场化观念非常强，而且还有爱心，有社会责任感。

另外，他的形象就是一个特定的形象。私下里我们就在讨论，很多90后对他的形象非常认同，这种形象和这种能力的汇总，叫做“马云现象”或者是“马云规则”。

有一位专家说，他在一次活动中听一位漂亮的女士说：“男人还需要长相吗？”这句话放在马云身上就特别好。马云自己也说，现在很多人把马云现象化了、模式化了、神秘化了，这种现象化、模式化、神秘化不一定好。他说，实际上他还是喜欢享受生活的。他希望“马云概念”跟马云本人不是一个人，马云就是活生生的实实在在的人，而“马云概念”是一个概念。当大家谈马云的时候，谈的是“马云概念”，还是他这个人？他觉得是蛮有意思的一个问题。

在谈到自己的成功时，刘永好曾说过这样一段话：“做企业，就好像综艺节目中的孤岛生存游戏。有些人怕吃苦，倒下去了；有些人在独木舟上行走，没有踩好，倒下去了；有些人关键时候跑不动，被老虎、狮子吃了。总之，竞争就是这样的，适者生存的游戏规则是明确的，所以应该有这样的思想准备。倒下去也没有什么可惜，因为他知道自己坚持不了。现实社会中有很多例子，从独木舟上翻下去，下去了就是下去了，再翻过来非常难。”看惯成败起伏，他的心境变得平和、泰然。

腾讯财经：那么您又是怎么评价您自己的呢？

刘永好：得由你们去评述。有人一谈刘永好，就说他是养猪的，也养了很多鸡，以前喜欢穿草鞋，没像马云那么“浓缩的都是精华”……按照专家的理论，马云智慧、能力和形象是成反比的。这就行了。哈哈！

腾讯财经：胡润曾表示中国企业家当中您是他最敬佩的人之一。

刘永好：确实有不少的朋友，包括一些专家，一些海外人士，还有一些政府官员对我们这种发展模式，对我们的做法，非常肯定。当听到这些说法的时候，我也感觉很欣慰，虽然我们在农牧业方面投了很多钱，收入并不是特别高，但是得到这样的认同，我觉得挺自豪、挺满足的。

腾讯财经：您怎样看待金钱和人生的关系？

刘永好：今天，我还跟牛根生先生聊天了。我问他，你现在持有公司多少股权呢？他说现在把他的股权全部捐献给一个公益基金了。我说，你把全部股份都捐献给公益基金，觉得好还是不好呢？他说，当然好，不好就不捐了。对此，有很多人都想不通，不明白，包括内部的员工。但是只要自己觉得好，就好。

我觉得这是对的。

编辑手记——朴素的刘永好

文/张沉

刘永好说，鲁冠球曾对他大发感慨，他们那一代企业家如今还活跃在一线的不多了！

是的，人们更愿意把改革开放之初创业成功的企业家们称为“第一代”企业家，他们中有倪润峰、张瑞敏、鲁冠球等，当然还有刘氏兄弟。

30多年来，刘氏兄弟一直是个谜。30多年来，多少企业家起起落落，而以刘永好为代表的刘氏兄弟的财富却一直在稳定增长，每年都能排进中国富豪榜的前20名。那么刘永好基业长青的原因是什么呢？我们又该如何看待这代企业家中的成功者和失意者呢？这应该是一个很深刻的课题。

我很荣幸地采访过刘永好几次，也参观了新希望集团总部和几个分厂。在新希望集团总部办公室的卫生间，一个细节给我留下了深刻的印象：卫生间墙上贴着一张纸，上面写着“请一次使用一张”。这个年销售额几百亿的大企业，还在强调节约用纸，可见新希望的持家之道。

新希望集团是当今世界上最大的饲料生产企业之一，如今，他们的总部仍然设在成都一座不算高档的租来的写字楼内，而马路对面正是新希望自己开发的高档社区和写字楼。即使在有资本了以后，刘永好本人仍然会去比较便宜的理发店理发，仍然保持着永远不变的头型。刘永好平时在公司，也会同员工们一起去食堂吃饭。

除了节俭，刘永好成功的另一个秘诀就是专一。新希望虽然投资了民生银行、房地产等业务，但是他们始终把养殖业和饲料生产当做自己的主业。在吴晓波的《大败局》描述的失败案例中，那些失败的企业和企业家几乎都有一个通病：在企业发展到一定程度后便开始盲目扩张、搞多元发展，从而导致企业失去了发展的节奏，最终自酿苦酒。

快速发展会让人自我膨胀、失去理智，从而失去自我。每次见到刘永好，他都是不急不缓，给人一种很踏实的感觉。世界在变化，能保持内心的清静十分不易。

刘氏家族和刘永好是中国改革开放30多年来最好的践行者和见证者。时光荏苒，弹指一挥间，大浪淘沙，但朴素的刘永好依然稳步前行。

阳狮锐奇集团大中华区主席 李亦非

李亦非和她的新媒体

- 我觉得好奇心是整个人类发展最重要的动力。一旦好奇心没有了，我们的人生将活得极不精彩。
- 虽然大公司有很多标准程序、规章制度，但在中国特定环境下，我们还要学会一种灵活的打法。这些打法要本土化，在行事方式以及经营模式上也要本土化。

成功轨迹

1977年，获全国武术青少年组冠军，后参加《神秘的大佛》和《火烧圆明园》等3部影片的拍摄。

1985年，毕业于外交学院国际法专业，后获得美国德克萨斯州维科市贝勒大学的国际关系硕士学位。

1987年，进入纽约联合国总部的公共信息部。

1990年，任职于纽约市专业律师事务所，负责开展中国业务。

1994年，任美国博雅公关公司中国区董事兼总经理，开始为英国石油公司、英特尔公司和菲利普莫里斯公司等知名跨国企业设计在中国市场上的形象。

1999年，任职于美国维亚康姆公司，出任MTV音乐电视频道的中国区总裁。

2001年，入选美国《财富》杂志25位全球商业领袖新生代，并成为当期《财富》杂志的封面人物。

2005年和2006年，连续两年当选《亚洲华尔街日报》亚洲最有影响力的十位商业女性。

2008年，从维亚康姆中国区总裁的职位上辞职，加盟高雷资产管理公司任中国区董事兼总经理。

2009年，加盟阳狮锐奇，出任大中华区主席。

李亦非印象

文/张沉 刘雁

倡导消费，前卫、时尚、果敢、率性，并带有北京人身上特有的劲儿，这就是李亦非。她认为，这些年媒体没有读懂她，只知道她会武术，其实“我是文武双全”的。李亦非不愿意人们只是片面地认为，她只是全国武术冠军。“我一直跟所有的人一样，上小学、初中、高中，考大学，也是成绩非常优秀的优等生。”

确实，李亦非的职业路径足够完美。从联合国总部到美国律师事务所、博雅公关公司、MTV音乐电视频道，再到阳狮锐奇，每一步都成绩斐然。

李亦非认为，她在职场上之所以能游刃有余，是因为她能预判每年的热点，并说服领导去实行。她提倡正确的战略选择，不只埋头拉车，还会抬头看路。

如今，她又选择了新战略——新媒体。2010年5月11日，李亦非在北京给全球数十位CEO讲述她对新媒体的理解，让人眼前一亮。

■ 中国新媒体有很大空间

2010年5月11日，阳狮锐奇集团的母公司阳狮集团，把全球数十位CEO召集到了北京。他们来中国的目的之一，就是了解中国新媒体发展的动态。

阳狮锐奇集团是全球第三大广告公司。虽然目前阳狮锐奇新媒体方面的收入在集团总销售额中所占的比重不大，但是中国的潜力是全世界都能看到的。

会议期间，在新媒体时代品牌营销论坛上，李亦非讲述了她对新媒体的认识。李亦非认为，随着互联网的成长，网络将成为广告主投放的最重要选择。可是现在存在断链或者是瓶颈问题——广告主意识到了要影响年轻人，而通过新媒体当中的哪一种方式最有效，怎么去测量影响效果，大家还认识不清。

在李亦非看来，广告业务未来要抓住两个“新”——新兴市场和新媒体。

她认为，目前中国新媒体发展急需解决专业人才问题。因为随着新媒体不断发展，对内容专业性要求会越来越高。

她说在MTV的时候，很多片子大多是15秒、30秒的短片，现在大多要求是长片。

李亦非谈话时很难绕过MTV，因为那是成就她事业辉煌的地方。可是在巅峰时期，她为何选择了离开？她首次向腾讯财经透露了其中原因。

■ 为何离开MTV

1999年3月，李亦非从美国博雅公关公司跳槽到美国维亚康姆公司，出任

■ 阳狮集团CEO圆桌论坛与会人员合影。

■ 阳狮锐奇集合阳狮集团旗下四大实力品牌——星传媒体、实力传播、狄杰斯和德诺。

MTV音乐电视频道的中国区总裁，成为美国《财富》杂志及CNN(美国有线电视新闻网)评选的亚洲最有影响力的商界女性之一。

在博雅期间，李亦非成功地把英国石油公司、英特尔公司等知名跨国企业引入到中国市场。到MTV后，通过和CCTV等机构进行强强合作，让更多的中国人认识了MTV。当时很多年轻人开始把这个机构推出的歌曲排名看做流行歌曲的风向标。

2008年8月，李亦非从维亚康姆中国区总裁的职位上辞职，加盟高雷资产管理公司，任中国区董事兼总经理。解释离职的原因时，李亦非已经波澜不惊。

她自己归纳的原因有两条：一是当时高雷公司向她伸出了橄榄枝；二是MTV发展遇到了瓶颈。但更重要的原因是，李亦非的战略没有得到总部的肯定，造成MTV在中国发展迟缓，使这个“强势人物”失去了前进方向和斗志。

李亦非自己也承认，她是喜欢打拼的人，不贪图安逸。她曾经一个人怀揣50美金闯荡美国，不习惯没有挑战的生活。

2008年加盟高雷公司不久，她又加入阳狮锐奇，离开的很重要的一条原因是“每天的工作比较轻松，我感觉自己‘半退休’了”。

这就是现实，性格决定命运。

■事业不断升迁的秘密

李亦非从1987年进入纽约联合国总部的公共信息部，负责制作电视广播节目《联合国呼唤亚洲》并担任主播以来，每四到五年左右会换一次工作，而每次效力的公司，都是国际大企业。

一个很有意思的现象是，她每到一个公司，不到一年都会升职。对此，李亦非的解释是，她靠的是业绩。

同时，李亦非不赞成埋头苦干，她认为，成功与否一定要选择好方向。她说："不要只埋头拉车，一定要抬头看路。"

大开大合，要掌握好方向，又要不失耐心和细腻。她很好地利用了女性的优点，摒弃了婆婆妈妈等缺点。

■ 1977年，李亦非获得全国武术比赛青少年组冠军。

■ "我是文武双全"

在当今中国优秀的女企业家中，她欣赏张兰、董明珠、叶莺、张欣、杨澜等。

李亦非认为，女性很多"天花板"更多的其实也来自于女性自身。"我们本身有的时候可能缺乏自信；或者是社会给我们的一种压力，让我们进行角色扮演，要扮演贤妻良母；或者被'女子无才便是德'的传统惯性思维困住了。"

在同腾讯财经编辑聊天时，李亦非说："咱们能不能不问武术冠军啊、如何平衡家庭啊之类的问题？"

■ 李亦非生活近照。

她认为，之前有一些媒体没有全面读懂她，或是过于强调她武术冠军的一面，忽略了她的智慧、细腻和睿智的一面。

"其实，我练习武术一直是在业余的时间训练。我一直跟所有的人一样，上小学、初中、高中，考大学，也是成绩非常优秀的优等生。"

确实，李亦非有细腻的一面。在视频访谈前，她问自己白色上衣和访谈背景中的屏风配不配。访谈完毕后，她说，自己忘记戴项链了，脖子上有点空。

李亦非是十分爱看书的人，她说，书不怕杂，最怕的就是不读。现在，李亦非还保持着每天晚上睡觉前一定读书的习惯，不读书睡不着觉。

■财富的意义在于消费

李亦非下班后，会把大多数的时间留给孩子和家庭。她经常会教育自己的孩子要成为一个大气的女人，要放开心胸，要宽容，克服嫉妒心。

有时间，她会和孩子、丈夫去国外度假，享受生活。

在她的价值观中，有钱就要去消费，而不是像小沈阳说的那样，人死了，钱还没花完。

一路走来顺风顺水的李亦非，对钱看得很开，毕竟“财富其实就像狗熊掰棒子。掰一个感觉很好，扔了也就过去了”。

回看自己的职业道路，李亦非认为最值得骄傲的是有机会跟世界上最顶尖的、最聪明的人交往过招；而最遗憾的是，始终没有走上创业之路。

还是那句话，没有如果，只有现在。我们期待文武双全的李亦非，在新媒体领域展示她“灵动”的一面。

访谈实录

访 谈 嘉 宾：阳狮锐奇集团大中华区主席 李亦非
访 谈 主 题：从武术冠军到职业经理人的转型
访谈主持人：张沉
访 谈 时 间：2010年5月
访 谈 地 点：北京 国贸大厦

腾讯财经：2010年5月11日，您给全球多名CEO开办新媒体讲座，主要讲什么？

李亦非：阳狮锐奇集团旗下多位CEO来中国开董事会，这期间我们举办了新媒体时代的品牌营销论坛。为什么要做这个呢？阳狮锐奇集团现在已经成为全球第三大广告公司，它的母公司阳狮集团的CEO Maurice Levy曾在三年前说过，到2010年在互联网方面的收入要达到全公司总收入的25%。去年年底，集团通过收购，再加上公司自身的成长，达到了这个目标。

腾讯财经：目前，中国的市场份额大吗？

李亦非：我们的业务中，新媒体的收入占集团总销售额的比例不到10%。下一步我们希望这个比重能够增加到20%甚至30%。中国新媒体发展十分迅速，有7亿手机用户，3.8亿互联网用户，2.88亿电子商务用户。如果渠道建设好，很多事情将水到渠成。今年，视频网站等新媒体上播放的内容在价格上可能会跟传统媒体开始“比翼”了。例如，一集电视剧在传统媒体卖价是30万甚至是50万，现在首播权放到互联网媒体上，卖价也都已经叫到了30万。

作为全球最大的广告与传播公司之一，阳狮集团近年来越来越重视“金砖”四国之一的中国的高速发展，正是在此背景下，阳狮集团于2011年启动了“中国CEO圆桌论坛计划”。阳狮锐奇集团大中华区主席李亦非致欢迎辞，同时指出，“中国CEO圆桌论坛”希望为中外企业家创造一个交流思想和分享成果的平台。阳狮集团希望能够把论坛办成一个具有思想穿透力的高端论坛，一个中外企业家对话的窗口，企业家思想创新的摇篮。

腾讯财经：内容为王，在新媒体上已经适用了？

李亦非：是的。因为新媒体的渠道建好了。所有的渠道建设都是一种支出，但是互联网怎么赢利呢？现在80%以上的新闻网站、社交网站以及搜索网站，很大程度上还是依赖于广告，门户网站的广告收入几乎占到营业额的60%～70%。当然搜索网站和电子商务网站有别的模式。可以说互联网的成长过程中，广告主投放是最重要的。

可是在执行过程中，存在断链或者是瓶颈。广告主意识到了要影响年轻人，而要影响未来的年轻人，是要通过新媒体来实现的。可是如何达到影响这个群体的目的，通过新媒体当中的什么方式最有效，怎么去测量广告的影响效果，投放多少、怎么投放、投放哪些新媒体，这其中确实有一个断链存在。这也是我们这次年会的主题。

腾讯财经：主题要解决断链的问题吗？

李亦非：对。

■ 新媒体缺人才

腾讯财经：您刚才提到品牌和营销的概念，您觉得现在门户网站在营销上还有欠缺，是吗？

李亦非：新媒体其实也是刚刚崛起。不管怎么说，传统媒体经营了那么多年了，中国的有线电视从1995年开始，到现在也将近16年的时间了。可是像内容精英这样的专业人才实际上大部分还在传统媒体工作。而且很多精英们也觉得做传统媒体更骄傲，更有成就感。目前，新媒体还是很缺内容方面最顶尖的人才。

腾讯财经：您想过怎么把这些精英吸引过来吗？

李亦非：一定要有一个营业模式。营业模式中包括两方面，一个是收入，一个是品牌。做内容的人通过新媒体，第一能赚到钱，第二能够打造个人的品牌。例如洪晃、韩寒。实际上新媒体已经开始把高端的人群吸引过来了，但是他们不是专业的记者或者是媒体从业人员，因此还需要有更多的人才加入。

阳狮锐奇中国大学，是阳狮锐奇集团为旗下1500多名员工创立的业内顶尖培训平台。它的成立也表明了企业为中国众多有志于从事媒体、广告与数字营销行业的年轻人打造拓展事业平台的信心与魄力。作为阳狮锐奇中国大学校长，李亦非表示："数字化和中国已经成为全世界商界领袖的热门话题。阳狮锐奇集团将在数字化变革的浪潮中领导媒体和市场沟通的转型，新媒体技术和人才是我们能胜出竞争，赢得中国市场的独特优势。我相信阳狮锐奇中国大学必将成为培育中国未来业界精英的地方。"

腾讯财经：您认为绝大部分精英还没有过来？过来的大概有多大比例了？

李亦非：我觉得现在新媒体大概吸引了30%的人才，当然不能把传统媒体的人都拉过来，因为新媒体还可以吸引"新生人才"。近几年，视频网站的崛起、网络反盗版力度的加大，都表明市场对优质内容、特别是长内容的片子有非常高的需求了，原来都是大概15秒、30秒的短内容的片子。

以前MTV的制作人说，只要小片花制作出来了，让手下的人做一做就行了。但是长内容的片子需要专业化的团队来制作。只有内容质量上来了，下一步运营广告才会跟上。这时就要看广告公司发挥力量了：如何把最好的内容放在最恰当的地方，用最佳的方式来体现？是用电子商务的方式，用搜索的方式，用社交网站的方式，还是用门户的方式？到底哪个群体是我要定位的，我怎样才能把我要传达的理念精准地传递给他们，这些都需要我们去学习，去分析，去执行。

■ 阳狮锐奇大中华区管理团队。

腾讯财经：就是要精准投放？

李亦非：对，传统媒体在这方面已经有上百年的历史和积累。对新媒体来说，追踪投放内容和考量投放效果是最大的问题。

腾讯财经：效果考量有难度？

李亦非：一方面很好考量；另一方面又不好考量。好考量是因为它的技术手段非常强，可以立刻抓住信息来源；不好考量则是因为要了解广告投放主的需求，需要分析消费者的行为方式。媒体的技术人才必须能够理解消费者的需求，并对消费者的消费方式进行有效的捕捉，然后为消费者提供需要的数据，最后还要在数据分析上下工夫。

■ 不光会武术，我是文武双全

腾讯财经：您曾说，之前媒体把您曲解了，认为您是习武出身。为什么不喜欢这么说呢？

李亦非：没有不喜欢。我确实练过武术，参加过比赛，也得了冠军。这些确实与众不同，所以媒体很喜欢这个故事。其实，我一直是在业余的时间练习武术。我跟所有的人一样，上小学、初中、高中、大学，也是成绩非常优秀的优等生。我作为普通人的一面，媒体可能就没有去研究。甚至以前有的媒体以为因为练武术，我才能够出国，我没有接受正规的教育。事实是我和所有的普通人一样都接受了正常的科班教育。其实我比较辛苦，别人一天做一件事（课业学习），我做成了两件事（课业学习和练武术）。

李亦非曾经想当武林高手，曾获得1977年全国青少年太极拳武术冠军，还参与了《火烧圆明园》《神秘的大佛》等电影的拍摄。她曾经想当外交家，所以从北京外交学院国际法专业毕业后，于1985年赴美深造，获得贝勒大学国际关系硕士学位，并在美国纽约联合国总部公共信息部任职。她成功地使中国的年轻人爱上了MTV。在维亚康姆公司中国区首席代表这个位置上的出色表现，使她成为第一个登上《财富》杂志封面的中国女性。

腾讯财经：媒体放大了您练习武术这件事。

李亦非：对。

腾讯财经：您如何定义自己？

李亦非：应该是文武双全。

腾讯财经：您的简历内容十分丰富。我们发现一个特别有意思的现象，您每次到一家公司，不到一年职位就会提升，从部门经理到总监甚至总经理。您怎么做到的？

李亦非：我觉得就是靠业绩。公司不是慈善机构，不是为了给钱。进入商业圈，您肯定要给公司赚钱，要带来收益。要准确地把握市场的方向，尤其是战略方向，要抓住战略机遇。如果有一两个决策性的失误，肯定就失去了这个机会，个人的成长性就无从谈起了。

在这个过程中，我每一次都能提前半年捕捉到当年的热点，我也能够说服高层，让他们把资源交给我，让我去实现这些目标。我很幸运，这么多年来，总有赏识我和能听进我的话的老板给我资源和机会。执行的过程也证明了我的预测或者是我和团队共同描绘的那个战略是正确的。

当你给公司带来进步、带来收入、带来品牌提升的时候，就可以跟老板说一下，是不是应该给我一些回报了。我觉得结果就水到渠成了。

李亦非是个懂得韵味的女人。这种韵味在于懂得进取，也懂得适时妥协。当年上了《财富》封面以后，她一下子从一个推出明星、制造明星的媒体人物变成了被媒体追逐的明星，但她说："我自己是谁，我的过去，我的未来，我对人生的很多想法和追求，都没有任何改变。"正如她的母亲所说的那样："你就是你自己人生的导演，是悲剧还是喜剧，都是你自己安排的。"

腾讯财经：您要给公司带来回报，同时您要给自己争取回报？

李亦非：那当然了。我相信所有的公司都希望留住人才，也都愿意去奖励优秀的员工。

■ 曾经的失误

腾讯财经：您提到一个很有意思的现象，可能某一次失误会造成前功尽弃，您这些年来没有失误过？

李亦非：其实还是有失误的。比如我在MTV的时候，就没有说服我们的高层；或者是在执行计划的过程中，错过了并购的机会。如果那次完成的话，我们商业上的规模会10倍、20倍地成长。当然，这也包括我没有赢得公司总部最后的支持。

总之，有一些回过头来看是对的，但是也有一些回头看是错的。

腾讯财经：您没有说服总部，是您离开MTV的原因吗？

李亦非：我离开有两个原因：一是当时刚好有个对冲基金的总裁向我抛出了橄榄枝，诱惑很大，而且对冲基金领域对我来说是全新的、让我觉得非常刺激的一个领域。高雷公司是全球最大的对冲基金之一。二是当时我们（MTV）也遇到了瓶颈——国内的媒体崛起了，而对外国媒体的限制也不会再开放。我们没有在新媒体方面做一些并购，影响了下一步的发展。即使我们向前冲，但是战略的突破口已经没有了。那个时候，我们评估分众传媒价值是3000万，可是上市以后它有50亿的市值。当这个机会一去不复返了，事后回想起来就会有很多的遗憾。当时公司确实没有看准，或者说我的力度也不够，这个机会就失去了。等到8年以后，您再回来想收购市值50亿的公司，是根本买不起的。

■ “不要只埋头拉车，一定要抬头看路”

腾讯财经：您的意思是通过MTV的经历，您认识到在投资期间眼光和战略很重要？

李亦非：一切都在于眼光和战略。有一句土话叫“不要只埋头拉车，一定要抬头看路”。很多时候女性管理者真的是老板欣赏的员工——忠诚、脏活累活全干、不抱怨。我不是说我要做一个懒惰的员工，但是在埋头拉车的时候，隔三岔五一定要抬头看路。

腾讯财经：您是抬头看路的？

李亦非：我喜欢抬头看路。路走对了，您拉的车可能就走上了一条阳光大道；路走错了，最后可能就走上了一条羊肠小道，甚至是一条死胡同。因为有的时候方向比执行更重要。

无论是事业还是生活，李亦非从来不偷懒。“您可以说我做得还不够完美，但您不能说我没有尽力。不去尝试，机会是零；去努力了，就有50%成功的机会。”在她眼中，在小事情上苟且的人，在大事上，在人生中，一定是一个苟且的人。

腾讯财经：现在来到了阳狮锐奇集团，您看重哪个方向？

李亦非：我跟公司讲方向的时候，引用了毛主席的一句话：“世界是你们的，也是我们的，但是归根结底是你们的。”如果有两个市场，一个是中国这样的新兴市场，一个就是新媒体市场。它们是未来我们全球战略布局中最重要的选择。

中国的新媒体增长率是30%～50%，传统媒体例如杂志等，可能会低一些甚至是负增长，电视可能还能保持12%左右的增长，最后所有媒体平均增长率大概是10%。从全球广告市场的高增长率来说，第一是中国，第二是印度，美国就2%的增长率，欧洲几乎是零。

如何让这个市场成为我们的？那就必须要看准两件事情：中国市场和中国的新媒体市场。

腾讯财经：所以您选择了阳狮锐奇？

李亦非：我的战略可能跟我们公司总的战略不谋而合。所以猎头公司找到我的时候，听我讲了中国广告公司未来的战略之后，觉得我的想法完全契合了阳狮锐奇的战略思路。

■ 大公司机制需要改进

腾讯财经：您刚才提到两个“新”，一是新兴市场，一是新媒体。这两个“新”您怎么让它成为“你们的”？

李亦非：虽然大公司有很多标准程序、规章制度，但在中国特定环境下，我们还要学会一种灵活的打法。这些打法要本土化，在行事方式以及经营模式上也要本土化。

李亦非常称自己为“双层文化人”。一方面，她告诉美国的老板在中国做事怎么才能行得通；另一方面，她帮助中国政府、企业与美国人沟通，就像桥梁、传声筒，在他们之间建立联系。在某种程度上，商业活动的核心就是说服对方并获取对方的信任，而李亦非的处事风格和工作作风都让人感到她确实渴望真诚的交流，而不是礼节性地敷衍了事。夹在东西方文化之间做事，既有优越性，也要跨越沟通上的障碍。

腾讯财经：您觉得现在的很多大公司效率不够高是吗？

李亦非：我觉得很多大公司，现在有点像IBM改革前的状态。如果不锐意改革的话，这个公司最后大到了已经不能够动弹的时候，基本上就是一个“大锅饭”“铁饭碗”。在这种情况下，如果还坚持一切都以行政政策为标杆，这个公司可能有一天会像泰坦尼克号一样沉掉。

腾讯财经：所以要达到目的一定要把效率提高？

李亦非：是的，否则的话，您无法跟别人竞争。本土公司不管黑猫白猫，抓到耗子就是好猫，但是外国公司不这样做。如果他认定白猫是好猫，那么黑猫就成了坏猫；或者明明白猫是好猫，但是公司规定只能用黑猫，那么我们就只能放弃白猫；又或者黑猫白猫都是好猫，但是公司规定不让用猫，那我们就都不能用了。所以，这些问题就会导致我们不能有效地开展竞争。

■ 我是“字纸篓”

腾讯财经：您谈到很多著名的理论，您一定看了很多书。但是现在还有时间读书吗？会看些什么书？

李亦非：什么都看，我是属于读杂书的人。小的时候，我父亲管我叫“字纸篓”——只要是纸，我就会像是一个字纸篓一样把它聚集起来，然后慢慢读。

而且我父亲跟我讲："读书不怕杂，最怕的就是不读。"我小时候所处的年代缺书，连药品说明书我都觉得这是文字，都去阅读。我读养生类的书籍，读过很多对冲基金的故事，也读了很多广告人的故事。如果突然间有看书的感觉，我就去看书。

李亦非喜欢读政治学、经济学的英文原版书，哪怕在飞机上，也能一路从北京看到纽约。她家中的三层楼里分布了三个书房，藏书上万，内容涉及文史哲、生活、时尚、财经等诸多门类。因为家庭成员(包括父母)都有读书的习惯，大家经常看完后一起讨论，交流意见。

腾讯财经：您有这么多时间读书？

李亦非：乘飞机的时候是一个特别高效的读书时间。每天晚上睡觉前我一定读书，不读书睡不着觉。我觉得最快乐的时候就是躺在床上，安静地拿起书。你的脑子把所有纷杂的事情都忘却了，你就进入了完全不同的一个世界。假如说你希望忧伤，你就读一本稍微忧伤一点的书；你希望平静，你就读一读哲学的书；你希望激励一下自己，你就读一本励志的书；就连读一下自己过去写的日记也挺好玩的。

腾讯财经：您不但是武术冠军，也是读书冠军，呵呵！

李亦非：谢谢。

腾讯财经：读书让人很快乐，现在感觉读书的时间越来越少了，快餐文化也越来越多。

李亦非：我觉得其实"快餐文化"也挺好的，只要读就行。例如我读韩寒的博客，读潘石屹的微博，从中间也学到了东西。只要去读，有时候一句话都可能点醒我们的人生。

腾讯财经：要不断地汲取是吗？

李亦非：是。

李亦非一家在新西兰。

腾讯财经：这些年您在商业上不断进步，是因为一直保持着好奇心吗？

李亦非：对。我觉得好奇心是整个人类发展最重要的动力。一旦好奇心没有了，我们的人生将活得极不精彩。我女儿有天晚上跟我说：“妈妈我明天要去学校演戏。”我老公说：“太好了，祝你好运。”我说：“演什么呀？你给我讲讲你到底演哪一段？”她说是独白。我说：“独白是非常重要的，可能很难演，你给我把这段台词念一遍，演一遍。”她就给我演了一遍。

我对她的事情会一直感兴趣，在这个过程中，既跟她沟通了，又学到了东西。听她把这一段独白讲了一遍后，我们俩还互相表演。我给她当导演，她也给我当导演。结果，第二天女儿跟我讲：“妈妈，我演得很棒。您教我的那两句话，我觉得很管用。”因为我对她的事情感兴趣，有好奇心，这过程本身也表达了一种爱。

腾讯财经：怎么样培养长时间的好奇心？

李亦非：这是从小培养的。我觉得作为父母，最重要的就是要给孩子培养好奇心。孩子最好有四颗心：好奇心、同情心、自信心、上进心。好奇心就是要有求知的欲望；同情心是要做一个善良的人；自信心就是要感到自信；上进心就是要有理想、有追求、有梦想。

腾讯财经：您觉得这四颗心您都有了吗？

李亦非：我觉得我父母还挺好的，都给了我。

■ 关于孩子和老公

腾讯财经：刚才提到您的家庭的时候，我看您很兴奋，我们就很想问问您有关家庭的问题，但是您也曾说这个问题很俗。

李亦非：哈哈，因为被问的次数太多了。

腾讯财经：我们再俗一遍。大伙儿都知道您的家庭是明星家庭，您怎么平衡事业和家庭？

李亦非：首先要真心。你要真心地对家人的事情感兴趣，他也要真心地对你的事情感兴趣。其次，必须是共同成长。小时候老师总给我讲“抱大树”的故事，一个4岁的小孩抱一棵小树，他16岁的时候胳膊长了，树也长了。虽然二者的绝对值都长了，但是他们的相对值是完全一样的，所以小男孩与树没有觉得对方变。两者永远是一种美好的状态，这就是共同成长的重要性。

腾讯财经：这是一个潜移默化的过程。

李亦非：大家都要有非常强烈的敏感度，还要有自我反省、自我提示能力才行。

周末的时候，李亦非会把更多时间留给丈夫和孩子，陪他们聊天、看电影、玩游戏，辅导孩子的课程。而在时间长的假期里，一家人会去日本滑雪，去巴厘岛的沙滩上日光浴，或者去新西兰旅游。“我觉得度假非常重要，度假也是平衡生活的一种方式。”李亦非称，度假可以使家人们在一起，享受家庭的快乐，还能远离尘嚣，不被工作打扰，完全放松心情，调整身心。度假回归后，又可以全身心投入到忙碌而充实的工作中。

■ 要善于自我反省和保持真诚

腾讯财经：您觉得自己的哪一点没有被媒体发掘出来呢？

李亦非：人们看到我有冲劲、很坚毅的女强人的一面，其实我还有自悟、自省、灵性的一面。如果光是靠往前冲，内心不进行自我批判、自我反省，缺乏一种沉着或妥协的精神，很多时候是不会成功的。

腾讯财经：很多人没有看到充满灵性、思维缜密或者很细腻的一面，只是看到很爽快的一面。

李亦非：我的思维比较开阔，不婆婆妈妈。例如我女儿演戏的事情，我是非常有意识地问她要演什么，怎么演，我是要让她记住这一段经历。很多年以后，她可能会在写日记的时候想起来，“妈妈曾经和我在一起大笑，我们互相觉得很开心，互相看到对方演戏都笑得趴在地上”，这也许是她人生中特别温馨的一幕。这些我都有意识地在做，我没有随意地说：“哎呀，真好，太好了，行了，OK。”

李亦非的处事风格和工作作风，都让人感到她确实渴望真诚地与人交流，而不是礼节性地敷衍了事。她每天打出去的电话比她接听的电话要多，这种主动沟通的欲望、能力与自信，在女人的世界里是不多见的。

腾讯财经：不要敷衍，要真心。

李亦非：要真正对她的事感兴趣。我觉得其实归根到底还是要无私，要真正地去爱，不只是爱自己。如果你care别人，你对公司care，或者是你对客户care，对方也都会感受到来自你的care。但是我不知道care这个词，怎么翻译更好。

腾讯财经：是不是您的真诚对方会感觉得到？

李亦非：你care了，你才会问问题。你的问题使对方意识到你很真诚，不是敷衍了事。你们之间的交流就变成了一种脑力激荡，在这个过程中，很多新的火花就会迸发。当对方觉得沟通很愉快时，那你商业成功的机会就来临了。

腾讯财经：这是真诚的结果。

李亦非：对。

■ 关于女性和社会的关系

腾讯财经：为什么中国女企业家这么少，男企业家越来越多？

李亦非：总量和绝对量都增加了。还是出现了很多成功的女企业家，像张兰、董明珠、叶莺、张欣、杨澜等。我也听她们演讲，跟她们相处，她们每个人身上都有一些灵性和睿智的东西，非常值得学习。

很多“天花板”也来自于我们女性自身——缺乏自信，承担社会压力，考虑角色扮演。同时，社会本身也给人很多压力，例如现在中国商人的生活节奏很快。你要去欧洲的话，就会发现完全相反的现象。到了法国以后，我才觉得真正地放松下来。为什么？比如法国人走路都那么慢，大部分人都坐在那儿喝咖啡，所以你觉得坐在那里喝咖啡不会感到内疚。可是在中国大部分人都在努力工作的时候，你要喝一下咖啡，就会觉得怎么可以就一个人坐在这儿看着太阳，喝咖啡呢？你心里会很内疚。

周围的这种浮躁风气给我们带来了很大的压力。在这种压力之下，女性同时要担负着做母亲、做女儿、做太太的责任，这确实削弱了她们的精力。

另外，《劳动法》里面规定妇女可以有产假，其实是降低了女性的入职率。很多公司觉得如果女性6个月不上班，工作怎么办呢？所以适婚年龄、适孕年龄的妇女的入职机会和就业机会在减少。

有人认为21世纪是女性的世纪，因为媒体和金融将是21世纪最重要的产业，而这两个领域的决策需要直觉，女性在直觉上有天生的优势。李亦非从来不把自己放在弱者的位置，她追逐的是完美，而且看上去她已经成功了，因为你猜不出她还缺什么，还想要什么。即使再虚荣的女人幻想用来装点自己的“零碎饰品”，她也完整地拥有了，尽管她已经不需要身外之物的点缀。

腾讯财经：当今社会，女性比男性承担的义务和责任更多一些？

李亦非：因为这是女性天生的弱势，她要生育。

腾讯财经：您是女权主义者吗？

李亦非：我不是女权主义者，我是人权主义者。

■ 推崇的企业家

腾讯财经：新中国改革开放30年来，出现了很多优秀的企业家。在这些中国的优秀的企业家当中，您比较崇尚的是哪一些企业家或者是哪一个企业家？

李亦非：让我崇尚的人太多了，像李彦宏、马云、马化腾、张朝阳、陈天桥、江南春。大家都知道，10年前在新媒体领域是无数的公司同时竞争，为什么他们脱颖而出？一定有他们的过人之处。马云具有非常特殊的口才；马化腾非常低调，但是纵览全局，不出屋知天下事；张朝阳能够在经商的同时异军突起，做上市的游戏公司；曹博伟进行MBO。他们这些人确实具有过人的特质，都是让我非常羡慕的。女企业家里像张欣、杨澜等坚持了这么多年，背后的艰辛是没有人知道的。

2008年8月，李亦非从跨国媒体巨头维亚康姆中国区总裁的职位上辞职，加盟高雷资产管理公司任中国区董事兼总经理。总部位于伦敦的高雷，管理的资产高达250亿美金，是全球最大的对冲基金之一。外界认为李亦非在全球金融危机即将全面爆发之际，改行进入投资行业，是受自己丈夫汪潮涌这个资深投资人的影响，而且可能会一直在新行业里做下去。但是2009年8月，她加盟阳狮锐奇出任大中华区主席。“我发现对冲基金是个很孤独的行业，而且每天的工作比较轻松，我感觉自己‘半退休’了。”李亦非说，“这种状态对我稍微早了一些，我性格外向，喜欢与人打交道，所以还是觉得媒体行业有意思。”

腾讯财经：您推崇的企业家中，第三代企业家多一些。第一代的企业家，有没有您看重的？

李亦非：柳传志。他在20多年前加入联想，到现在还能够可持续发展的，从个人品牌到公司品牌，一直没有被淘汰下来，而且一直走在前面，这就是一个领军人物。

■ 我会帮助中国品牌走向世界

腾讯财经：任职阳狮锐奇，打算在中国发展到怎样的结果？下一步会怎么计划呢？

李亦非：阳狮本来是一个集团。阳狮又把它在全球范围内所有的媒体策划公司和新媒体公司组成了15家新公司，合并成阳狮锐奇。阳狮锐奇的特色就是整合。我所领衔的这5家公司一共有1500多人，有7家大客户，包括欧莱雅、宝洁、三星、可口可乐、中国移动、路易威登、上海大众，他们都是大企业。但是我们要吸引更多的本土企业，所以我们就要抓住国内正在打造品牌的企业。阳狮集团现在是中国最大的广告投放主，有108亿的广告投放。

腾讯财经：108亿人民币是吧？

李亦非：是的。它涵盖了各个媒体形态，有三个成长方向：第一是新媒体；第二是多元素的品牌策略——整合营销策略；第三是要发展民族品牌——帮助中国品牌走向世界。

腾讯财经：您想好方法了吗？

李亦非：当然，我们在这方面确实有我们独特的优势，我们刚刚做好的“The Pool”第一泳道测试，旨在监测和评估广告主视频网站进行投放时的广告效果。

■ 中外公司15年间的变化

腾讯财经：在MTV的时候，许多人知道了李亦非。在阳狮锐奇，是您新的开始。您觉得MTV和阳狮锐奇有什么不同？最大的挑战是什么？

李亦非：我觉得MTV是一个反应迅速的团队，当时的规模也比现在小。MTV是媒体，有一种自身独特的东西，是年轻人的音乐媒体，要求我的掌控能力非常强。到了阳狮锐奇公司以后，我成了一个“媒婆”，要找到合适的合作方。这需要我的掌控能力、协调能力、整合能力要更强，挑战也就更大。

求同存异是李亦非对自己的清醒定位：你要懂得一点——谁是给你的面包抹黄油的人。“事实上，商业社会中没有永远独赢的故事，每个人、每个企业都需要通过妥协获得更大价值。”她说。异曲同工的是，她眼中女性最应该具备的品质是善解人意，“其他一切美好都从此衍生”。耐心和韧性，对李亦非的“媒婆”工作帮助最大。作为女性和高管，她的责任是向老板提供真实的方案。“跟你有不同的想法，你可以说服他，如果在最后你没有达到目标，就必须接受他的决策。这是你的专业和职业素养的问题。”

腾讯财经：您觉得在中国公司和在法国公司工作有什么差异？哪些需要我们学习？哪些需要摒弃？

李亦非：15年前，我刚刚回国的时候，中国商界人士带着非常虚心好学的态度去学习，确实那个时候我们也没有什么经商的经验。那个时候我在博雅的工作就是把很多大的公司带入中国市场，包括摩托罗拉、英特尔、英国石油公司，还有美国大都会保险公司，在中国进行合资的实验。这些公司比较讲究标准化，对人才也很重视。

但是过去这15年的变化简直是天翻地覆。15年前，感觉外国公司机制灵活，反应迅速；中国公司则是观察、学习、慢慢地消化，然后再学习、再观察、逐渐成长。15年后，中国的企业机制非常灵活，做得非常强大。世界500强的公司里面，有47家是中国企业。这是非常厉害的，在10年前也是不可想象的。在中国的外国企业反而有点进入“中年”了，制度形成了，人员也逐渐本土化，机制也稍微有点偏老化了。有时候企业文化和全球文化也有一些冲突，我觉得这些都要作一些修正。

腾讯财经：修正冲突，冲突在哪里？

李亦非：冲突在于本土化的策略和集团化的策略有些差异。

腾讯财经：是不是感觉这15年，中国人厚积薄发，开始跑得快了？

李亦非：一定是这样的，最后世界还是属于中国的。

■ 财富其实就像“狗熊掰棒子”

腾讯财经：作为很成功的商业女性，您怎么看待您的职业和财富的关系呢？

李亦非：财富其实就像“狗熊掰棒子”：掰一个感觉很好，扔了也就过去了。卡耐基说，带着财富死亡的人应该是可耻的。财富只是实现人生目标过程中的一个衍生产品。这是我的感觉。

如果你的财富能花掉是最好的。花掉财富的方式包括花给你的亲人，花给你自己，给有需要的人捐款。我觉得带着财富走向坟墓挺可悲，就像小沈阳说的，人死了，钱还没花完呢。

要消费。消费了，就产生了GDP。当你有更多的财富的时候，你也应该帮助那些需要帮助的人。

在李亦非眼中，财富是衡量一个人成功的标准之一，但不是全部，也不是最终目的。“可以说至今已经满足了全部的个人基本需求，将来的财富在后面加零，也只是对奋斗的一种认可方式。”她很推崇惠普前CEO奥菲丽娜所说的“人生是一个不断剔除枝叶，走向主干的过程”。成就自己，拥有爱，是李亦非的人生目标。

腾讯财经：您的商业历程是从1987年开始的，到现在是23年，总结这一段时光，您值得骄傲的地方是哪里？

李亦非：我觉得我值得骄傲的地方挺多的，值得改进的地方也挺多的。值得骄傲的是，我有机会跟世界上最顶尖、最聪明的人交往过招。谈笑有鸿儒，往来无白丁。这对一个人本身而言就是一种快乐的感觉。再者，我能够发挥我自身的价值。因为在MTV，我发现我是一个挺有创意的人，一个很有想法的人，然后我将这些想法释放了。以前我不知道会不会做总经理，后来我做了总经理，还学会了管理，很多价值观或者人生价值都得到释放。被激发是一种很快乐的感觉，你有成就感。

腾讯财经：有哪些不太如意的地方呢？

李亦非：当然有了。有的时候觉得还是魄力不够，胆子不大，例如我没有创业。10年前，我如果创业，可能也会做出一个新的媒体公司来，这就是一个遗憾。

腾讯财经：谢谢李亦非接受我们的专访！

李亦非：谢谢！

李亦非:http://t.qq.com/yifei-lee

编辑手记——李亦非：幸福的女人

文/张沉

每次见到李亦非，她都是风风火火的，这次也不例外。

“国贸那里堵车，不好意思，我来晚了！”她是典型的北京人，感觉见到什么都不怵。

之前，她在MTV工作过，见过的记者无数，对付记者的招数也有很多，我在她面前只是普通的采访者。后来她说，我和她的这次对话最流畅，爽！因为我们的对话很直接，不兜圈子。人与人之间的交流有时候就是这样，感觉找对了，节奏找对了，就很顺利，否则交流起来就十分难受。

其实，李亦非是很重视这次采访的。她事先就吩咐秘书把一个古香古色的中国式屏风布置为采访的背景，还用了一个好看的白色瓷盘做点缀，这正好和她衣服的颜色相配。当天，她眼睛亮亮的，精神十足！

李亦非成名很早，10多岁就成了全国武术冠军。但她并不太乐意别人总提起这件事。这是因为她觉得武术冠军有勇无谋，还是想展示其文雅或者小鸟依人的一面？

“我是十分爱读书的，我小时有个绰号——‘字纸篓’，见到有字的东西就看。”那时候没有电子产品，书是好东西。她一直保持着这个爱好。如今，李亦非就连出差坐飞机的时候，也常带着一本书："我看书很快，到地方了，一本书就看完了。"

采访结束后，李亦非还给我看了她的一些短信，并神秘地说："你不知道，现在我们这个圈子很多人都看韩寒的东西，特逗，我们还来回转发。"

这个社会压力很大，是刻意、呆板的东西过时了，还是大家更愿意选择轻松的阅读愉悦自己？"韩寒太逗了！你看看这个，还有这个！"

李亦非太幸运了，率直聪明，又有幸福的家庭，她和汪潮涌的明星夫妻档，让业内十分羡慕。说到孩子，她更是有话聊。孩子是每个当父母的人永远愿意谈也谈不完的话题："有时我和女儿遇到好玩的事情，我们两个会躺在地板上，对视着哈哈大笑。"

李亦非十分巧妙地处理好了家庭和事业的关系，灵动而优美！

李亦非，幸福的女人！

汉庭连锁酒店集团董事长 季琦

携程、如家、汉庭和季琦

- 我喜欢创业沿途的挑战，如果你告诉我前面的路上有什么，我就没兴趣走了。
- 不要试图去掀开我们的衣服看我们的伤疤。你看我们做的事，有没有伤疤和我们做的事没有关系。一个厨子做的菜好不好吃，和他手臂上有没有伤疤没有关系。

成功轨迹

1985年，从上海交通大学工程力学系本科毕业。

1989年~1992年，攻读上海交通大学机械工程系机器人专业，并获硕士学位。

1992年~1994年，在长江计算机集团上海计算机技术服务公司工作，历任技术支持部工程师、销售工程师、项目主任、市场部经理、市场及销售部经理等职。

1994年~1995年，旅居美国。

1995年，任北京中化英华智能系统有限公司华东区总经理。

1997年，创办上海协成科技有限责任公司并任总经理。

1999年，创办携程网并任总裁。

2002年，创办如家酒店任CEO。

2005年，创办汉庭连锁酒店，出任CEO。同年2月，组建力山投资公司，任CEO。

2010年，带领汉庭在美国纳斯达克上市。

季琦印象

文/臧中堂

毫无疑问，季琦是中国连环创业最成功的企业家之一，10年时间内他作为CEO连续创立携程、如家和汉庭三家公司，并都将其带上纳斯达克。全球至今能成就这一“霸业”的仅有美国硅谷创业狂人吉姆·克拉克一人。与曾经创办SGI、网景和永健这三家公司的克拉克不同的是，季琦的这三家公司，市值都超过了10亿美金。

■ “强势”季琦的高调与低调

2010年3月26日，汉庭酒店在美国纳斯达克成功上市，这也是季琦事业上哺育的“第三个孩子”的加冠之礼。如果说携程和如家都难脱“携程系”的身影，而不纯粹是自己的企业，那么汉庭从一出生就带满了季琦的胎记。

住过汉庭酒店的人或许都对酒店床头的那幅画、透明的洗浴间以及洗浴和卫生间那扇公用门留有深刻的印象。这些都来自于季琦的灵感，也是他每年两个月时间海外

■ 十年内季琦带领三家公司上市。

■ 携程四君子。从左至右依次是梁建章、季琦、沈南鹏、范敏。

住宿酒店的体验在汉庭的升华。

季琦的下属认为他有时“太强势”，季琦对此回应称：“如果说我太强势的话，那是对我比较确定的事情而言，因为有些错误一旦犯下就不可挽回。”

在完成这次采访前，不少接触过季琦的人向腾讯财经评价其“很强势”。如果用季琦的回应来作注解的话，那就是这位创业达人对自己的管理经验和创业智慧都“比较确定”。

也是因为这个“比较确定”，季琦也被媒体认为有点高调，但曾三次投资季琦的IDG中国资本创始合伙人熊晓鸽则在评价季琦时称：“季琦与‘携程系’同其他创业人物最大的不同是低调。”

两个评价并不矛盾。对人对事不同，季琦自然知道如何收放自我。

■ 没有了挑战就没有了乐趣

随着汉庭的上市，“携程系”里面“最低调”的老大浮出水面。很多媒体都在试图探寻季琦连环创业成功的法则，我们也不例外。

“我的成功不可复制。”季琦一语顿时把人拒之千里。其实，他认为是生活的这个时代成就了他，是中国经济的高速发展给了他连续成功创业的机会。

那么，10年来中国的创业者数以万计，为何只有季琦能脱颖而出？是阴错阳差的机会，还是周密细致的筹划？季琦是时下的另类，还是时代的榜样？带着这些问题，我们找出了一些答案。

1966年10月，季琦出生在江苏如东一个普通家庭，童年时代的他和那个时代的很多孩子一样过着贫苦的生活。季琦至今仍对当时吃一碗面就满足的事记忆犹新。因此，他说自己创办携程是实现了“一个穷小子发财的梦想”。

季琦向腾讯财经坦言：“我做第一个企业携程的时候已经赚了足够的钱了，我的钱应该是过亿了。因此，现在的兴趣仅仅是做事业、做事情。”他喜欢创业沿途的挑战，“如果你告诉我前面的路上有什么，我就没兴趣走了。”

季琦如今的生活很简单，他喜欢听莫扎特的音乐，喜欢看各种杂书，还喜欢到处旅行，喜欢开SUV轿车。但财富数以亿计的他只有一辆进口途锐和一辆大吉普。据汉庭内部人士称，那辆大吉普是一部GMC。

汉庭酒店

人生如棋。

■ 执著和激情合在一块就成事了

做销售出身的季琦评价自己是一个足够热情和有感染力的人，并且与人合作时能非常有效地把握住对方的需求。

因此，在创立携程的时候他请已经是国营酒店企业总经理的范敏出山；创办如家时，他凭借“携程系”的名气开辟山林；创办汉庭时他恰到好处地请来身为跨国公司大区总裁的张拓任CEO，并和张拓一起，顺利完成了汉庭由创业公司向专业公司的转型。

至今汉庭的中高层当中有很多人都是季琦在携程和如家时的同事，汉庭常务副总裁王海军即是其中很有代表性的一位。王海军曾是季琦在如家时的部下，现在也是汉庭的常务副总裁。

“能让人一直追随，这是我们非常看重季琦的地方。”汉庭的投资人之一，北极光创投董事、总经理周树华，曾这样向媒体解释他们投资季琦的原因。

季琦也称自己很温和，他曾反问记者：“你们和我交流是不是感觉我也很好沟通？”

他的温和体现在他标志性的微笑上，但也有人评价季琦的笑有点职业。回答腾讯财经“怎么看待自己天天写在脸上的标志性微笑”这个问题时，季琦称：“我的微笑不是职业的，很真诚，发自内心的。”这句话几乎是脱口而出。

■ 重视传播人本文化

我们很想知道这样一位创业英雄有什么高超的管理智慧，但季琦只给我们讲了一个故事。

汶川特大地震发生之后，季琦立刻赶往成都，当天与汉庭成都公司的员工同吃同宿。再之后，汉庭的其他高管前往成都，向受灾的员工捐款，和他们一起吃饭。“我们有的阿姨一下子拿到了几万块钱的补助，她一年都挣不了这么多钱。”季琦称。地震之前，汉庭在成都的经营业绩和对手差距非常大，在此之后，汉庭在成都的业绩远远超过同行。

这就是季琦的管理，润物细无声！

季琦认为，大灾当前要让员工感受到公司的存在，他把这看成是汉庭人本文化最重要的体现，他们高管就是要做这种传播公司价值观和文化的事情。长此以往，就会有公司文化的积淀。他告诉腾讯财经，自己今后要做的主要事情之一，就是要做好公司价值的传播。

■ 中国服务将取代制造业问鼎全球

季琦称，公司上市后自己的压力更大了，“因为面对的投资人更多，信任更多”，颇感时不我待。

在汉庭上市路演时，他最担心的事情是如家酒店、7天连锁酒店的股票下跌，“因为如果他们不好，我们的股票也不会好。”因此，季琦从来不说同行和对手不好，“都在中国，如果他们不好，投资人会说汉庭也好不到哪里去。”看似简单的道理和很容易做到的事情，其实都蕴含着大智慧和大气度。

季琦喜欢看国外已经上市的酒店集团的财报，比如雅高，他甚至对他们的很多细节了如指掌，并曾谈到他们在华发展的不足。季琦认为，这里有同行管理智慧最精华的东西。

他在多个场合向媒体宣讲，中国服务业将携中国庞大的市场优势取代中国制造业走向全球，而汉庭就是其中能成霸业的一个。

罗贯中《三国演义》称：“夫英雄者，胸怀大志，腹有良谋。”现在的季琦满怀韬略，欲投入后半生精力将汉庭打造成全球最大的酒店集团，而对于如何实现这一宏愿也踌躇满志。因此，我们可以说，季琦是中国时下最当之无愧的“创业英雄”。

访谈实录

访谈嘉宾：汉庭连锁酒店集团董事长 季琦

访谈主题：我的成功不可复制

访谈主持人：臧中堂

访谈时间：2010年5月

访谈地点：北京 汉庭酒店

■ 谈创业：我比较执著，比较有激情，两者合在一块就成事了

腾讯财经：季总，欢迎您接受《商业人生》的访问。有没有算过三次创业您赚了多少钱？

季琦：赚了多少钱，我没算过，尤其到了创建第三个企业时，赚钱是排在很后面的。我在做第一个企业携程的时候，已经赚了足够的钱了，现在的兴趣仅仅是做事业、做事情。经济危机最严重的时候，我把很多钱投在汉庭里，所以汉庭对我来讲是一份事业。

腾讯财经：您是很多人眼中的创业英雄和创业榜样，能不能谈一下您创业成功的心得？

季琦：我能够在10年内创办3家企业，3家企业都能够在纳斯达克上市，最主要的原因是中国有巨大的消费市场，而且市场成长非常快。这样的事情只有在硅

谷高科技产业兴起的时候发生过。我能够做好，不是因为我能干，而是中国市场给了我创业的机会，让我能够连续带它们上市。我的运气比较好，现在谁再来打破这个纪录，还蛮难的。

如果季琦是一个打工者，那么他一定很不招老板喜欢，因为他的跳槽似乎来得过于频繁：平均两到三年就创办一家公司，变换一次身份。季琦的名片上虽然公司的名称经常变，但身份却永远不变，他总是那个令人瞩目的"founder"(创始人)。

我觉得像我这种现象，在中国算是第一个。大部分的人还不怎么明白这是为什么。如果一定要探讨原因的话，用一句俗话来说：天时地利人和。

"天时"是因为全球化，使得整个中国这十几年来发展得非常迅速。相对来说，西方的服务产业已经很发达了，发展速度相对平缓。

"地利"是因为中国有这么多的人口，使得这个消费市场非常巨大。

"人和"跟我本人有点关系。我这个人，用一句话说——"东方欲晓，莫道君行早"。这是毛主席的诗。当我看到群山，看到东方的时候，我可能想知道山那面有什么，太阳照到的其他的地方是什么样的。我是这种性格的人。公司上市、积累财富都不能满足我，这也都不是我想达到的目标。所以我一而再、再而三地去尝试。

1999年春节刚过，季琦将一帮好友招至家中聚会，几个充满激情的年轻人讨论起携手创业的理想计划。最后的结论是，决定一起在中国做一个向大众提供旅游服务的电子商务网站。选择做旅游服务，不是一个草率的决定，而是基于当时的环境——中国已经被世界旅游组织认定为21世纪全球最大的旅游市场。然而，在经营上，国内旅行社的接待人数和盈利水平却呈现连年下降的态势。季琦认为，互联网资源可以很好地弥补传统旅游业地域性、时间性、管理有效性等方面的不足，从而能够很好地去"消化"95%的散客。30个月即带领携程上市的事实证明，季琦的切入点的确选得精准。

腾讯财经：您还是很享受这种追求的过程？

季琦：对，这个挺有意思的。

腾讯财经：如果让您评价您自己，您觉得您的哪些优点是值得我们学习的？

季琦：我比较执著，我比较有激情。当我的执著和激情合在一块的时候，就成事了。

有媒体称季琦像是直接生产企业的“机器”，季琦坦言创业的乐趣就在于此。第一次创业做携程，那是为了财富梦，穷小子想发大财；第二次做如家，接近了自我实现，进入一个新行业；现在做汉庭就是为了理想，为了有一份自己喜欢的事业。

腾讯财经：三次成功创业，有没有想过要感谢谁？

季琦：我在纳斯达克的时候，他们也让我发表感言。我第一要感谢的是我的员工，感谢他们这么辛苦的付出；第二感谢我的客人；第三要感谢我的投资者；第四个要感谢国家。十几亿的人口大国，让我们有这么大的市场，所以我要感谢我的国家了。不是我高调，这是真心真意的话。

我们这个年纪的人，从改革开放开始，有机会在这个国家里创业、成功，而且连续取得成功。我要最感谢的，反而不是那些投资人，而是感谢我的国家。很多人不像我们这么幸运，还在那儿苦苦挣扎，所以我们要感谢国家给我们提供的机会。

企业的道理也是一样，许多企业的原创力量都来自于草根。企业做大了，这些草根的成分并没有减少，反而是更加强大。因为这一群人构成了我们企业的大多数：不管是员工，还是客人。如果因迁就“草根”，而放弃理想和精致，就容易流于平庸媚俗。一个优秀的企业应该有独特的企业文化，需要精细的管理流程、先进的技术手段。只有这样组织起来的企业才能长久、持续地生存，才有可能成为一个卓越、伟大的企业。这就是企业的“雅俗共赏”。（季琦《一辈子的事业》）

腾讯财经：在创立前面两个企业的过程中，您也是做CEO。创立汉庭时，您觉

得和前面两次创业的心境有什么不一样？

季琦：实际上在公司管理的步骤上，三个公司是一样的。创建携程时，是我们四个人做，我做创始CEO，后来建章完成了创业公司到专业公司的转变。如家的过渡是孙坚完成的。汉庭的过渡是由张涛他们完成的。而我在其中的定位基本是一样的。这三个公司唯一的不同，就是对汉庭的投资多了一点儿，其他实际上是一样的。

腾讯财经：但是在汉庭上倾注的心血是不是比前两个企业大很多？因为现在您一个人要扛很多。

季琦：经营如家的时候也是我一个人。我没有把我的这些创业伙伴，包括海军、张拓、张敏他们看成是我请来打工的，我一直说我的搭档能弥补我的不足，要么是技能的不足，要么是我的时间和精力的不足。我们是一个整体。我在携程的时候，我们四个投资人，也是四个管理分工不一样的人，所以比较轻松。

■ 谈“携程系”：我们的成功在于没有条条框框

腾讯财经：您怎么样评价 “携程系”的成功？

季琦：我觉得“携程系”的成功跟我们携程的理念有关。我们创建携程时都是一帮外行的人杀入到旅游行业的。实际上我们是由IT界打到传统行业的。这句话蛮能代表我们携程人的特点——没有什么条条框框。进入一个传统行业，能带来很多新的理念、新的工具、新的手段，往往比行业内的人更容易取得突破性的创新，这是我们做得比较成功、比较好的原因。

腾讯财经：如何回应外界说你们老携程的几个创始人有争执甚至有矛盾的传言？

季琦：你会跟你老婆拌嘴吧？你有时候会跟你的小孩拌嘴吧？小孩不听话，打他屁股也可能，即使不打屁股也可能会骂他。这么亲的关系都可能发生这样的事情，何况我们来自不同的背景、不同的环境的人，我们肯定会有这样的情况，这很正常。如果没有任何的分歧，是不可能的，是骗人的。

但是，不要试图去掀开我们的衣服看我们的伤疤。你看我们做的事，有没有伤疤和我们做的事没有关系。一个厨子做的菜好不好吃，和他手臂上有没有伤疤没有关系。因为我们做的事很成功。我觉得今天在中国的这个行业里面数一数二的都是我们做的。中国最好的三个经济型酒店也是我们携程来做的，如家、汉庭都是我们“携程系”做的。我们即使有一些争论有什么关系呢？有人想看，那就让他们看好了。我本人对此没什么好说的。

每年IDG都会找一些旗下组合公司的经理人交流。代表携程的季琦曾经对IT业唱起了悲观的论调，认为行业泡沫已经破灭了。他认为应该转移对互联网主题以及技术主题的关注，转向“用IT精神和思路去运作传统产业”。他提出对酒店业的改造，这在后来就是经济型酒店如家的思考雏形。历经波折，如家才吸引到当时还在中国默默无闻的梧桐基金。而IDG后来的进入，还经历了一个思考的转变过程。这些“外行”，因为没有太多既定的框框，敢于接受新事物，所以从“IT+服务（携程）”到“IT+传统（如家）”的转变看起来反而很自然，但在当时，对还在IT投资领域不能自拔的VC界却是一个不小的跳跃。很大程度上，这是一次对于携程团队信任的再投资。

■ 谈管理智慧：遇到分歧我会说服他们，如果我正确，说服不了他们我也会采取行动

腾讯财经：您的企业每次上市都创造了很多百万富翁，甚至千万富翁。这次汉庭上市，会产生多少千万富翁？

季琦：这个没算过，实际上这是我最不关心的事，这不是那些人跟着我创业的最主要的原因。携程上市到今天市值翻了20倍，如家上市到今天翻了三四倍。按这个标准，可能携程部门经理的身价都已经有几百万人民币了。

我觉得关键是把企业做好。如果企业做不好，公司上市股票都没有涨，那也不值钱。关键把企业做到携程那样——携程是2003年上市的，7年时间市值翻了20倍。到今天为止，我还没有算过市值，我相信我的员工也不是因为这个来工作的。

所以说，我认为对一个公司的高管或中层干部来说，不要对期权抱有太大的期望，关键是个人能力和事业是不是有发展。我觉得期权的事，茶余饭后聊聊可以，在做企业的时候千万不能把它看得太重，我觉得那样风险非常大。

如果说请些CEO过来，都跟着期权上市去发财了，这个团队是不稳定的，这个

公司是不会有战斗力的。

2005年，快速扩张的如家只用了不到3年的时间就比肩老牌经济型酒店锦江之星，携程也在两年之前成功登陆纳斯达克。但季琦并没有满足，“对我来说，钱也挣了，公司也上市了，还有什么能挑战我呢?”这时，季琦看到了中产阶级的崛起给商务酒店带来的机会。这种“介于经济与不经济之间”的商务酒店，毛利润率在55%~60%左右。季琦退出了如家的管理团队，创办了人生中的第三个企业——汉庭。

腾讯财经：您是怎么处理人与人之间的关系的？

季琦：我还是挺好相处的。人与人的相处，最关键是大目标的一致性，当你朝着这个目标走时，用什么方法达成这个目标？可能每个人看法不同都是正常的。我刚才讲到企业的多元化，是组织的竞争力，而不是凝聚力。如果企业不多元化的话，一个人一手遮天，这个组织是不会好的，所以说我们要学会跟别人相处，我觉得相处应该是一个领导者必须要掌握的。

汉庭内部设立“金点子奖”，员工都可以提出点子，由专门的委员会筛选、固定、形成标准，先在局部的几个店试点，再全面推广。如果一个扫地的阿姨想出个点子让公司节省了500万，她就能拿到5万的奖金。汉庭门卡的“梯禁”设计就是来自“金点子”。

腾讯财经：如何看待管理层的分歧？怎么解决？

季琦：我首先是说服他们，但是有时候不一定能够成功。但是我认为正确的时候我会力排众议。遇到一些战略上的问题时，我不会轻易放弃自己的想法，甚至还会采取一些行动。

我们在携程时对事情的处理有争议，但是我们不会因此勾心斗角，我们都是为了公司做得更好。在汉庭时，我没什么权利，CEO的权利比我大，每个人的分工不一样，每个人的责任不一样。信奉“官大一级压死人”“裙带关系”的人，在我们这个组织里，是始终被排除在外的。

腾讯财经：您怎么看有些公司领导人强势的问题？

季琦：一个企业在刚创立的时候，如果有强势的领导人会比较好。因为这个时候，大家一起商量，七嘴八舌地商量的话，效率会比较低。当企业规模大了，组织机构比较复杂了，企业文化就得朝着更加民主、更加多元化、更加综合的风格转变。管理风格因组织的发展阶段不同而不同。对于我来说，我要把握好我自己的特点和走过的不同阶段，把它们很好地融合起来，而不是一个风格走到底。

随着汉庭规模的扩张，季琦已经越来越不敢说所有的店都亲自去过了。这时的他早已意识到，对风险的控制需要一个系统的方法，而不是单靠他个人的聪明才智。比如选址，汉庭成立了一个4人组成的选址委员会，季琦是其中一员。“现在选址我基本上不发言，区域的老总、总部的老总、管产品的人都会去看，3个人看过之后就很有把握了。”季琦有一票否决权。他越来越懂得不让自己的意见干扰整个管理团队的决定，一旦有了一个创新的想法，他不再像以前那样一声令下“同志们我们改了”，而是把自己的想法告诉产品委员会，如果被否决了他就选择忘记。

■ 谈自己：我的微笑不是职业的，它很真诚

腾讯财经：有人说您比较强势，甚至很固执。您怎么看这个评价？

季琦：如果说强势的话，真的是比较强势，但都是对我比较确定的事而言。因为有些错误犯了之后，是没有办法改正的。

比如上一年我们融资的时候，我坚决不做债务融资而做股权融资，不借大量的外债。我觉得大量的外债很有可能把公司压垮，所以我对此事的态度就比较强硬。熊晓鸽说得借债，但我还是不干。这种事情，我是不会妥协的。

我的强势可能还基于我对某些事情比较有把握，而这件事情本身也比较重要。在我们团队里面，包括跟投资人之间，一般说来有些问题我还是很好商量的。我刚刚从如家出来创业，很多时候我们都是商量着办的，我基本上没有什么意见。

在金融危机的时候，我去北京拜访IDG，我也不敢强势，也没有低声下气，那

时候的态度可能是很客气的。有些哥们儿不干也无所谓的，我的态度从来都是这样的——愿者上钩。

腾讯财经：在这三次创业当中，每一次您都会有不少的追随者，包括原汉庭的CEO张拓张总，还有副总裁王海军王总。您是靠什么吸引他们跟随的？

季琦：我本身还是挺有感召力的，我很容易用我内心的一种激情感染别人。所以在组织原始团队的时候，我容易把一些人带进来，而这些人往往都是蛮有激情的，容易被感染的。不容易被说服的人，我一而再、再而三地尝试说服他，一定要达到我的目的。有人说我这个人做事比较直率，大家觉得跟我在一起做事情比较有意思，比较开心，成功的概率大，觉得和我配合得比较好，所以说这次创建汉庭还是有很多的人跟我一起做。有的人可能来自携程，有的可能是来自如家，甚至有些已经离开了携程、离开了如家的人，后来也加入了汉庭。

腾讯财经：包括IDG中国资本创始合伙人熊晓鸽在内的很多人士谈起对您的印象时，都说您爱笑，您的笑容很迷人。您怎么看您的微笑？

季琦：实际上您可以看出来我这种笑容，不是职业的，是发自内心的，我觉得这样的笑容是从容的。

2008年6月12日，汉庭酒店集团旗下具有标志性的第100家门店——王府井店正式营业。这家处于顶级商圈内的分店是经过一场激烈竞争之后的战利品。当时，汉庭和对手不约而同将注意力放在这块物业上，形势胶着。在整个竞争过程中，汉庭的态度除了谦卑还是谦卑，晚上一直工作到12点以后，只为赶出最快的修改方案交给业主。这种态度起了关键作用。最终这名业主坦言愿意租给他们，“因为感觉就像把女儿嫁给了一个好人家”。季琦宣称自己“永远不以最高价取胜”。汉庭要做的，就是以谦卑朴实的态度与做实细节的功夫去赢得这些机会。这种行事风格本身就是季琦本人的风格。

腾讯财经：熊总评价您与“携程系”的其他人最大的不同是“比较低调”，您怎么看？

季琦：把企业做好比让别人知道更重要。我创业也好，做公司也好，跑马拉松也好，并不是期待掌声。对我来说创业可能带给我两种东西：第一个是挑战自己，我觉得能把自己的状态调整好了就挺有意思。没有挑战真的没劲。第二个就是过程，跑马拉松的过程可能不太享受，但是过程本身还是挺有意思的。每个人的一生就是一个过程，就是你如何去选择自己喜欢做的事情，享受过程这是第一位的。

■ 谈人生和财富：人生最重要的是自由，做汉庭就是做事业

腾讯财经：要驾驭这么大一个企业遇到压力是难免的，您有什么排解的方法？

季琦：关于排解压力，我有这么几个方式。早期创业的时候我打游戏，因为打游戏打得颈椎不太好，后来就不打了。现在我主要听音乐、旅游、看书、拍照，我有很多这样的爱好。

腾讯财经：现在听什么音乐呢？

季琦：我现在上升到比较高的层次了，听古典音乐，我最喜欢的是莫扎特。我很烦的时候就去听莫扎特的钢琴独奏，或者他的小提琴独奏，心情马上就安静下来了。这很有效果，您可以试试。

腾讯财经：现在看什么书？

季琦：我什么书都看，看了很多杂书。现在我看《马丁·路德传》和一些其他人物传记。

腾讯财经：有没有想过时机成熟的时候离开汉庭再创一个企业？

季琦：我的理想是把汉庭当成一项事业，而且想把它做成一个全球最好的酒店集团。现在全球规模最大的酒店集团的连锁店在6000家左右，我们现在的规模大概在200家左右，离那个规模还有很远。全球市值的最大经济型酒店集团是雅高，雅高市值好像是80多亿美金，我们的市值才8亿多美金。

所以说不管规模还是企业的市值，我觉得汉庭都还很小。我希望能带领汉庭戴上全球酒店业的桂冠。实现这个理想可能要20年、30年，甚至可能要一辈子。如果我这辈子能把这项事业做成，我相信对我来说，人生就更有价值、更有意义，挣多少钱反而不重要了。

■ 雅高旗下的上海虹桥美爵酒店。

■ 谈上市：上市后压力更大，汉庭最大的挑战在于如何管理高速成长的企业

腾讯财经：季总，现在回过头来看，您认为汉庭的上市对行业有什么影响？

季琦：原来汉庭是在水面以下，中国老百姓觉得上市都是好企业，咱们没上市，可能没人家好。上市了，我们就浮出水面了，数据、产品、品牌都被认可了，我相信对整个行业来说是一个好消息，在这个行业里又多了一个上市公司。我希望汉庭的上市，可以告诉行业两个消息：第一，一个好公司要耐得住性子，好企业就要"趴下来"。有人说我们上市早了，再趴两年可能会更好。第二，我觉得我们的上市，说明这个行业潜力是非常巨大的。

汉庭的定位是"现代、舒适、超值"，这一目标从季琦对汉庭酒店每个细节的注重上可见端倪。入住北京的一座五星级酒店时，他发现酒店使用的是双面的枕头，一面是荞麦，另一面是海绵，客人可以根据需要选择自己想要的一面。这个细节深深地打动了他，而采购的报价也让他坚定了在汉庭使用双面荞麦枕头的信心。对细节的关注，使汉庭拉开了与莫泰168、如家之间的差距，开拓了一片新的市场。

腾讯财经：您认为汉庭现在面临的挑战有哪些，哪个是最大的？

季琦：我觉得最大的挑战还是我们自己。是不是因为上市而飘飘然，觉得自己很牛了？是不是又开始花很多钱乱收购了，跟前辈曾经犯的错误一样？是不是选择酒店物业的时候，又开始盲目了？最怕自己骄傲，骄傲就会犯错误。我觉得上市之后，怎样保持我们公司以良好的速度和效率平衡发展，怎样把握好节奏、效率跟速度的关系，是我们面临的两个挑战。

腾讯财经：再具体点说，汉庭上市后发展速度可能更快，这需要高超的管理水平。在快速成长的过程中，您怎么吸引人才，怎么管理好基层员工？

季琦：非常好的问题。实际上我们这类企业面临的最大挑战不是金融危机，而是如何管理一个变动中的，而且是迅速变动中的、高速成长的企业。也就是说，如何管理高速成长的企业是我们最大的挑战。

我觉得这是两个层面的问题：第一个是一套基本的制度、一套系统，包括培训、绩效、授权、流程等在内的一套管理体系。我觉得这是非常重要的。怎么从一个创业型的企业过渡到专业的公司，这是一个关系到如何使企业快速发展的问题。第二个很关键的问题是企业价值观。很多人都讲这个问题，我能真切地感受到企业价值观的沉淀。比如我和企业高管一起吃饭聊一会儿天，我的想法他们很容易就能理解，但是很多阿姨、很多前台服务员，他们在几千里以外，能接受到企业的价值观吗？

我经常和企业高管讲发生在成都的一件事。汶川特大地震以前，我们在成都的经营业绩比对手差很多，差距非常大。地震过后，我们远远超过了竞争对手，直到今天，对手都没有超过我们。为什么会这样呢？只因为我们做了一件事——公司从我开始，到我们的其他高管，一起给我们的员工捐款，和他们同吃同睡。那天正好成都万人出城，我就睡在路上。

我跟员工说：第一，公司关心你们；第二，公司是有所作为的。我们有的阿姨一下子拿到了几万块钱的补助，她们一年都挣不了这么多钱。这让她们感受到了公司的关心。

我们远远超过竞争对手，很重要的一个原因就是因为我们的对手没有做过和我们同样的事情，在价值观和文化方面落后了。什么是汉庭的“人本”？我的员工是第一位的，我的客人是第一位的，员工看到了，亲身体会到了，他就把这个企业当成他自己的了，这样就OK了。但是能不能把这种文化层面的东西沉淀下来，这是很大的挑战。

腾讯财经：汉庭上市之后您的压力是不是小了？

季琦：汉庭上市之后我们更加紧张了。上市后，那么多投资者投了那么多钱，买了汉庭的股票，这表示他们对我们非常信任。我们怎么办？怎么样把它变成现金流、变成价值？我觉得过去面对的是像熊晓鸽这样的投资人，他们对我们以及这个行业都是蛮了解的，现在面对的是老百姓，以及很多个人投资者，我感到压力更大了。如果说之前是如履薄冰，那么这个时候就是时时刻刻战战兢兢了。

腾讯财经：觉得汉庭从一个创业公司向专业公司转型这段路，现在走到哪里了？

季琦：80%～90%吧。

季琦非常敬佩并学习乔布斯的创业精神、企业家精神，认为自己与苹果在产品设计理念上非常接近：简洁、方便、高品质、美感……最重要的是，大众化的价格。苹果能有今天，是自身的产品好，以合适的价格，成功地抓住了消费者需求。这也是后来者汉庭能在短时间内追赶行业领先者的原因。季琦总是坚持比其他经济型酒店“好那么一点”，比如位置、淋浴、油画、床、办公区、商务会所等；而且他对新技术的使用也是同行中最多、最早的，如双网线、无线宽带、一卡通等。和苹果的产品一样，在同类产品中，汉庭的性价比是最高的。模仿产品是最容易的，早期他也到同行的酒店量过尺寸、拍过照等，但“看不见的东西”是很难学到的，这是指各种综合因素，如包括创始人在内的高管团队、股权架构、价值取向、管理风格、管理框架等。

腾讯财经：在今后的企业发展当中，您觉得自己应该是什么样的身份定位？主要工作是传播企业的价值观还是别的事？

季琦：我的目标是，如果有一天这个企业不需要我了，我觉得这是我最成功的地方。

“最重要的事情我一定要亲自去做。”季琦说。汉庭大部分直营店选址的时候他都亲自去看过。一方面，他成功的前辈如杜布吕、山姆·沃尔顿，都曾将大量的精力花在选址上，酒店业和零售业的退出成本非常高，选址错误的代价巨大；另一方面，季琦本身也非常喜欢跟实地的东西接触，觉得这种工作很轻松很享受。每到一个地方，除了名胜古迹之外，季琦一定会去看当地的小吃，“小吃跟酒店的关系非常密切，看小吃能看出当地人的消费能力和消费习惯，而小吃街一般是非常好的开店地址。”

腾讯财经：但是现在肯定不行？

季琦：现在还做不到。我将来有几个工作重点。第一，传播企业价值观。我写博客就是为了宣传我们汉庭的一些东西，给外部的人和给内部的人一些互相交流的机会。这是我最主要的工作。第二，能够参与到高层团队之中，能够为这个企业吸引更多的人，或者是跟我们的CEO和CFO一起看一下高层的团队，多进行交流、培训。第三，我要做的事情是很“低级”的，但是很好玩，就是选址，我会到处去看地方，有空就坐火车、坐飞机到各个地方看地方。

我主要干的就是这三件事：宣传文化、管理团队、选址。

■ 谈行业：中国品牌经济型酒店目前只占酒店业的1%，未来会达到50%

腾讯财经：目前纳斯达克对中国哪些行业比较看好？

季琦：我跑了一圈，感觉外国投资人对中国的消费类、服务类企业比较看好。

腾讯财经：高科技现在还被看好吗？

季琦：也不能说不被看好。我跟外国人讲中国未来的酒店行业，说我们汉庭有可能在中国做到1万家，外国人听了眼睛直发亮。我还跟他算很简单的账：目前中国有消费能力的所谓中产阶级，大概有3个亿左右，而美国人口才只有2个多亿。光这3个亿的人口在全球来说都是很大的市场，不管是做移动电话，做经济型酒店还是其他的销售类的企业，中国都是非常大的市场，美国人对这一点非常认同。

“中国服务”是季琦近年来经常挂在嘴上的一个概念，这不是秀名词而是底气十足的真实感受。“我自己的亲身经历，启发我提出了‘中国服务’的概念。我相信，‘中国服务’必将取代‘中国制造’，成为中国企业新的成长力量。”季琦这样说道。在季琦的眼中，汉庭是“中国服务”的倡导者和实践者，他为汉庭设定的目标是进入全球酒店业的前三名。

腾讯财经：您认为中国经济型酒店占中国酒店业的市场份额有多少？未来三五年比例会发展到多大？

季琦：现在规模大概不到1%，未来我觉得会达到五五开。我是挺乐观的，一半一半，将来品牌酒店应该占到整个酒店产业数量上的一半。

腾讯财经：您的意思还有几十倍的增长空间？

季琦：我认为是这样的，我的这个概念是很清晰的，品牌经济型酒店会占到整个酒店产业份额的50%，目前是1%。

腾讯财经：汉庭上市有更多的现金了，会不会去并购其他公司？这个行业的前五家中最近会不会有并购发生？

季琦：我觉得现在谈并购为时过早。这种大的并购不太可能发生；并购可能会出现在比较小的地方，一些区域性的品牌，一些比较小的单企会发生比较多的并购。我是这么认为的。

编辑手记——创业投资牛人季琦

文/臧中堂

采访季琦不是一件容易的事情。与他约了多次，时值汉庭快速发展时期，季琦也成了“空中飞人”。

公司快速发展的时期，季琦选择重点城市给加盟商讲解加盟方案和选点、投资收益等，算是汉庭的头牌推销员。

他的演讲非常具有感染力，总是面带笑容。在回答各种提问时，即便遇到敏感问题，他也能笑脸应答。那几乎成了季琦的招牌笑容！

对于三次创业，尤其是从如家总裁的职位上离开又做经济型酒店，是不是有点挖墙脚，以及如何评价外界对梁建章、季琦、范敏、沈南鹏“携程四君子”的矛盾等问题，季琦的回答让人感觉温馨——夫妻俩都会吵架、拌嘴，何况他们是来自不同地方并具有不同文化背景的人。

“不要试图去掀开我们的衣服看我们的伤疤，应该看我们做的事。有没有伤疤和我们做的事没有关系，一个厨子做的菜好不好吃，和他手臂上有没有伤疤没有关系。”季琦的话让人的八卦心态顿时消失。

在IDG资本创始合伙人熊晓鸽看来，季琦是“一位非常牛的人”。季琦三次创业，IDG资本曾经三次投资，创造了投资圈的佳话。

采访的最后，老季告诉我说：“哥们儿，你的问题很好。”再次拉近了与记者的距离。

河南建业集团董事长 胡葆森

胡葆森：十八年十八城

- 财富不是永久的朋友，而朋友是永久的财富。
- 我做事情的态度就是追求卓越。始终没有变。
- 价值观没有变，做人的原则没有变。
- 河南有1亿多人口，有130多个市县，这样一个巨大的市场空间，足够成就我的梦想了。

成 功 轨 迹

1979年，毕业于郑州大学外语专业。毕业后，在中国纺织进出口公司河南分公司工作。

1982年，被河南外贸厅派到香港参与组建外贸公司，后来取得香港永久居民身份。

1991年，辞去外贸公司职务，在香港创办企业炒房产。

1992年，回到河南，和当地的建行合资成立建业房地产开发有限公司。

1994年，成立河南建业足球俱乐部。2009年，建业足球获得中超联赛季军，进军2010年亚冠联赛。

2003年，辞去建业集团总裁职务，隐身幕后，负责建业集团的整体战略规划。同年，当选全国政协委员。

2004年，积极参加社会公益事业，每年向阿拉善SEE生态协会捐助10万元，与中国的百名企业家一道参与环境保护事业，同时为河南足球体育、环保、慈善等事业累计投入近4亿元。

2008年，当选第十一届全国人民代表大会代表。

胡葆森印象

文/刘雁

1992年，37岁的胡葆森带着在香港“炒楼花”赚到的1000万港币，回到家乡河南。从此，他在河南走上了创业之路，再没离开过这里，用他自己的话说是“十八年十八城”——用18年的时间在河南的18座城市发展了房地产业务。

■ 在香港“炒楼花”创业

1992年，正值海南地产热，沿海地区也开始尝试把“步子迈得再大一点”。然而，胡葆森却反其道而行——北上中原，回到郑州，开始了他的区域房地产深耕，这一耕就是18年。其间，他曾两次登上《福布斯》中国富豪榜，并于2010年掌舵中国企业家俱乐部，任新一届理事长。

在郑州，胡葆森创建的建业地产创造了一串有意思的数字：18年坚守河南省净资产达27个亿；35个地产项目总面积达360万平方米。盘子不算最大，他却和王石、冯仑被称为“中国房产三君子”。

与其他房地产开发商全国撒网背道而行，胡葆森一直坚守河南，更让人吃惊的是，他还要留在这里。他向腾讯财经表示：“如果将来还有机会，我自己的身体还允许的话，我们的目标是从省会城市开发到中等城市，再开发到县级城市，最终走向遍及全省的500多个重点乡镇。”

目前，他在河南18个城市都有自己的项目。

出生于河南濮阳县的胡葆森，中学毕业后回到原籍插队劳动，1976年进入郑州大

■ 梦开始的地方。

■ 1997年城市花园奠基仪式。

学外文系英语专业学习，毕业后在中国纺织进出口公司河南分公司工作。20世纪80年代初期，讲着一口流利英语的他，被河南外贸厅派到香港参与组建外贸公司。

到香港的第10个年头，攒了几万元钱的胡葆森决定下海。他选中的生意是“炒楼花”（即炒作期房）。几万元当然不够，但凭着良好的人脉，胡葆森决心向朋友借几十万。几十万块钱在当年可不是小数目，而敢于冒险的胡葆森却有自己的判断，“当时看到房地产经过了80年代后期的低迷状态，到90年代初期市场开始启动，我觉得这是一个机会。另外，当时贸易作为一个纯粹的中介业务，已经比较难做了，况且我们面临着一个商业模式的转型问题，所以我决定开始创业，刚开始就尝试性地做了一些‘炒楼花’的业务。”

然而，创业不久他便遭遇了亚洲金融危机，迎来了人生的第一次大挑战。“1997年，我在香港投资了一层楼，一个半月，赚了大概1700万。接着我头脑发热，又花了1320万投资了一层楼，交了20%的定金。结果金融风暴来了，这20%的定金360万三天内就没有了。”他向腾讯财经讲述自己投资失败的经历。

■ 尊重规律才是生存之道

这段经历让胡葆森及早认识地到了“规律”二字，“规律就是上帝，这种感觉就是那时候产生的，认识到了‘上帝之手’实际就是规律。所有的事物都是规律主宰了它的运行轨迹，你违反了规律你就要受到惩罚。”他颇有感触地说。

胡葆森坦承，他就是从那时候开始注重研究规律的。他说：“做企业就是探寻规律，认识规律，然后按规律办事。你越成熟你就越能认识到规律的作用。现在我之所以心态比较好，就是知道人在规律面前永远是一个被支配者。”

机会总是青睐有准备的人，香港楼市在20世纪90年代迎来了黄金时期，胡葆森赚到了人生的第一桶金。“不是自己多有经验，也不是自己多聪明，主要还是赶上了好时候。”他谦虚地说。

■ 民企生存之道

此后，胡葆森带着在香港赚到的第一桶金，回到家乡河南，一开始是和当地的建行合资成立建业房地产开发有限公司，两年后，国家要求金融机构退出实业经营，胡葆森就买下了建行的股份，成了一名实实在在的民营企业家。

从在国企工作到与国企合作，再到全盘接手自主经营，胡葆森是如何游刃有余地

■ 建业置地广场的广告宣传图。

坚守到现在的呢?

2011年年初，胡葆森写了一篇文章——《在变与不变中继续前行》。一个人、一个企业，他的整个生命周期就是一直会在变和不变中前行。有些东西是变的，有些东西是不变的。

“价值观是不能变的，道德标准是不能变的，做事情的态度、做事情的原则是不能变的，但是经营和管理方面的很多东西是可以变的。”

胡葆森进一步解释，企业的环境在变，社会的环境也在变；商业模式在变，经营策略也在变。整个过程中唯一一点没有变的，就是整个企业的价值观——正确的是非观念和道德标准。做事情的态度就是追求卓越，价值观没有变，做事情的态度就不会变，做人的原则也不会变。

对于民企的生存之道，不少企业家都有论及。虽已成为香港的永久居民，但胡葆森更乐于称自己为“河南的民营企业家”。二十多年的打拼经历，让他对中国经济与民企的生存之道有了自己的理解——“21世纪对中国来说是一个战略机遇期，在这样的机遇期内，民企最重要的任务，是在国家经济、政治、文化等方面全面进步的过程中，找到自己的位置。民营企业只有确定了自己的市场，确定了自己的行业，目光远大，脚踏实地，才有自己的立足和生存之地。”

■ 建业足球——河南人的骄傲

除了地产之外，胡葆森的另外一张“名片”是足球。

他是河南足球的奠基者，17年来全情投入，使建业足球成了中国足球职业化改革以来唯一没有易帜的足球俱乐部，并取得了中超联赛2009赛季季军的傲人成绩。在许多河南人眼中，老胡和建业足球为全河南人民争了一口气，

长了一把脸。

在中国企业家中，涉足足球产业的并非胡葆森一人，但只有他坚持了17年，并有完整的经历，“这件事情给我的人生提供了总结和思考的机会”。

■ 君子之交淡如水

对于“中国房产三君子”这种说法，胡葆森立马纠正：“其实中国地产界有很多君子，不止是我们三个。只是说我们三个关系比较好，在一起交流比较多，平时一致性的行动也比较多，我们是以君子的标准去要求自己的，所以媒体有这样一种说法。我想随着中国城市化的加速，会有越来越多的成功的地产界企业家会为这个行业和社会的整体进步发挥越来越多的作用。”

胡葆森的谦逊由此可见一斑。正是这份成熟与谦逊，让他拥有了许多君子之交。他也坦承，在国内地产界也好，企业界也好，确实有一批非常好的朋友。其实大家相处很简单，就是以诚相待。

另外，作为区域化发展的一个企业，胡葆森总是很乐意为朋友进入河南这个市场提供一些帮助；另一方面，他还喜欢跟大家交流自己在河南这个区域做企业的18年里得到的一些经验和教训。“我觉得这也是我人生当中一件非常值得庆幸的事情，有这么多朋友，也使我感到幸福。”说到此，他满脸的自信。

2008年，建业地产在香港上市。虽然没有赶上地产业上市的最好时机，但它的阵势却称得上辉煌。在香港公开招股时，柳传志、潘石屹、王石、李思廉、任志强、冯仑、方风雷等商界风云人物悉数到场，被港媒戏称为“八星助阵”。其中不少人还以个人名义认购了上千万美元的建业股票。

君子之交淡如水，胡葆森用事实证明了这一点。凭着良好的人脉和坚守的商业模式，他被推选为中国企业家俱乐部第四任轮值理事长。在他之前，从2007年到2009年，担任轮值理事长的分别是阿里巴巴集团主席和首席执行官马云，蒙牛集团主席、执行董事牛根生，复地集团股份有限公司董事长郭广昌。

■ 财富与梦想

长江商学院院长项兵曾说：“每个人都应该有自己的梦想，但是每个人的梦想不一定是一样的。”胡葆森特别同意这句话，他的梦想就是做一个区域化的企业，就是希望通过企业自身的生存和发展，能为河南的整体进步做一点事情。

两次登上《福布斯》中国富豪榜，目前身家超过30亿元的胡葆森又是如何看待财富的呢？在采访快结束时他道出：“财富不是永久的朋友，而朋友却是永久的财富，所以财富就是你实现人生价值观的手段，包括刚才讲的实现梦想的过程中的一些手段，而不是目的。”

他承认自己是一个忧患意识很强的人，在一个人主掌的企业里非常孤独。“思想上是有孤独的时候，有时候我们在思考问题，或者从某一个角度对这个问题的思考达到一定深度的时候，能够交流的人并不是很多。”在对话中他感叹。

年逾花甲的他如今大部分时间与女儿和外孙定居香港。他说不会刻意地去追求退休或者不退休，只是尽力而做，尽情而为，找到自己的位置，比较适当地去发挥自己的作用。

访谈实录

访 谈 嘉 宾：河南建业集团董事长 胡葆森

访 谈 主 题：在河南十八年，如何发展壮大

访谈主持人：刘雁

访 谈 时 间：2010年6月

访 谈 地 点：中国香港 会议展览中心

腾讯财经：今年，中央和地方政府都出台了一些与房地产相关的新政策，您是怎么看待这些新政策和政府的用意？

胡葆森：有些城市房价上涨，特别是一线城市房价上涨还是比较快。国家及时发现了这个问题，为了防止房价的继续上涨，国务院出台了一系列的政策。宏观调控是国务院调控宏观经济的一种手段。我认为这些政策的出台，它的出发点是好的。国家希望房价不要上涨过快，让房地产行业能够平稳地、持久地、良性地发展。

■ 楼市的影响是全国范围内的

腾讯财经：从开发商的角度来讲，你们会不会受到很大的冲击？

胡葆森：应该说受到影响是全国范围的，不管是一线城市、二线城市，还是

三线城市，都或多或少地受到了影响。但是相对来讲，一线城市受到的影响比较大，过去的一个月，成交量出现了大幅度的萎缩。成交量萎缩是降价的前兆。

见过胡葆森的人，都称他为“老胡”。他讲话带有一些哲理性、号召性、概括性，因此外界都认为胡葆森很“儒”。虽然被称为“一介儒商”，但是胡葆森对市场和政策的见解独到，能够站在全局的立场上看待中国房地产行业以及河南市场。

腾讯财经：恒大地产房价开始打折，但很多开发商抱着一种观望的态度。您怎么看未来的房价走势？

胡葆森：每个企业都有不同的策略，因为每个企业的财务状况、营销策略、对市场的拓展计划都是不一样的。恒大地产也好，其他企业也好，采取各种做法，我觉得都是根据它自身的需要来决定的。所以，部分开发商降价虽然在全国会产生一定的影响，但是不会产生根本的影响。所有的企业都是根据自己的战略和规划，去做关于企业经营和管理的判断，不会受其他企业的影响。

■ 我历来反对央企大规模地拿地

腾讯财经：您怎么看待央企拿地呢？因为之前，特别是“两会”刚开完的时候，就有一批央企成为了“地王”。作为国企的华远也宣称“我们只能向二线城市发展了”，你们是不是也会受到一些影响？

胡葆森：我历来反对央企大规模地拿地。一些房地产不是自己主业的中央企业，这种大规模拿地的做法是不对的。而且在今年“两会”期间，我就这个问题也发表了自己的观点。我的观点是央企承担着实现国家经济战略的责任和任务，在自己的主业还没有做到世界级规模的时候，不应该分散自己的资源，去参与国内的房地产行业。

如果国家决定某些央企的主业就是房地产，那么这样的企业可以这样做房地产。比如说像中建、中海外的主业就是房地产，我们没有道理去反对。有些央企本身主业就不是房地产，而大规模地投资房地产，我觉得只能起到一种不好的作用。

2010年建业地产有3个新动作：深耕持有类物业；涉足旅游地产；河南地产商会投资股份有限公司（合资公司）开始寻找土地一级开发的机会。胡葆森说："这3个动作都是为了提升企业的持续增长能力。目前土地供应很难满足企业的增长需求；企业不能再单纯依靠规模增长。企业收入结构中不光要有销售收入，还要有一定比例的稳定的经营性物业收入。"而建业此举，证明其具备了雄厚的资金能力和专业的运营能力。

■ 从第一桶金到回家乡创业

腾讯财经：我们了解到，您当时在香港也做过房地产，而且也取得了不错的业绩。

胡葆森：那个谈不上吧，那是经营二手的楼花。

腾讯财经：但是据说还借了朋友几十万块钱？

胡葆森：因为当时刚下海没有钱，所以自己凑了点儿钱，然后还有一些朋友支持了一下。看到了20世纪80年代末房地产市场的长期低迷状态，到90代初房地产市场开始启动，我觉得是一个机会。另外，房产贸易当时作为一个纯粹的中介业务，已经比较难做了。于是我决定开始创业，可当时还面临着一个商业模式的转型问题，所以就尝试性地做了一些"炒楼花"这样的业务。

腾讯财经：而且做得挺好的。

胡葆森：应该说还是赶上了好时机，1991年、1992年、1993年，香港房价连续三年大幅度上涨。不是自己多有经验，也不是自己多聪明，主要还是赶上了好时候。

腾讯财经：这段经历对您后来的经商生涯有没有什么影响？

胡葆森：对我了解房地产市场的发展规律，提供了一定的帮助，知道了这个行业的周期性特征还是很明显的。一般来讲，房地产市场以七八年为一个发展周期，和整个大的经济周期基本上是吻合的。

胡葆森对房地产市场的预测和掌控能力，源于他对河南省的了解。市场化不充分的河南是盐碱地，但对他却有两方面好处：一方面当地条件虽然恶劣，但竞争者少，创业胜算就大一些。胡葆森经常安慰自己："市场条件好的话，李嘉诚早就来了，还有你的份吗？"另一方面他在香港地产界浸淫数年，掌握了成熟先进的操作经验，郑州环境相对落后，胡葆森正可以施展身手。

腾讯财经：您当时为什么决定回老家去发展？

胡葆森：这个原因我也说过多次了。我原来在政府的企业工作了12年，政府也提供了很多机会来培养我们这批人。在1982年，我被派到香港工作，后来经过政府批准我又成立私营企业去创业。我想创业的首要责任还是应该回到我的老家河南参与家乡的建设。河南是一个内陆省份，现在已经成为全国第一人口大省了。这个区域的经济的振兴，关系着整个国家的经济的振兴和民族的振兴，我当时觉得作为受政府和组织培养多年的年轻干部，应该返回家乡。我有回报家乡的一种责任。

腾讯财经：做了多少年？

胡葆森：18年。

长期以来，两大想法一直鞭策着我：一个是"把建业打造成一家优秀的区域性地产公司"；另一个就是"让河南人住上好房子"。平心而论，虽然过程很艰难，但建业还是较好地完成了前者，后者也在稳步推进之中。

"龙头老大"也好，"领军者"也罢，同行和老百姓的赞誉对建业来说是一种鞭策，同时也比较客观地表述出建业在"居住改变河南"的进程中所担当的角色。

——胡葆森《一场心平气和的反思》

为什么“盘踞”河南

腾讯财经：为什么会选择做区域大佬，而不是做到全国？

胡葆森：因为没有条件做全国大佬。再说，过去的十几年，也是城市化加速发展的时期。我特别同意长江商学院项兵先生的一句话：“每个人都应该有自己的梦想，但是每一个人的梦想不一定是一样的。”有些人梦想做世界级企业，我就梦想做一个区域性的企业，希望通过企业自身的生存和发展，能为河南的整体进步做一点事情，我自己也感到非常满足。

腾讯财经：您的责任感很强？

胡葆森：河南有1亿多人口，有130多个市县。我觉得这个巨大的市场空间，足够成就我的梦想。

有人说，商人与企业家的区别在于是否有社会责任感。胡葆森的社会责任感不仅仅表现在对社会事业的关心，还表现在对构建企业文化的热情。从携手凯德置地到“向村官学习”，再到提出“建业人的长征”等，建业发生的一系列事情展示了企业新面貌，也让公众进一步了解了胡葆森——作为一个杰出企业家的高度。正如他的一位下属所言，与老一代比，老胡在英雄主义和理想主义的土壤中意外地具备了商业天赋；与新一代商业精英比，老胡更多了一份兼济天下的士大夫情怀和修为。

腾讯财经：您的梦想是什么？

胡葆森：我的梦想就是建业能发展到河南的130多个市县，可能会进一步发展到重点的乡镇——河南有500多个重点乡镇。如果将来还有机会，我自己的身体状况、精力都还允许，我的目标是从省会城市发展到中等城市，再开发到县级城市，最终走向那500多个重点乡镇。

腾讯财经：您的梦想也符合中国城市化的方向。

胡葆森：自己的梦想和国家城市化方向的发展吻合，这是一种幸运。

郑州市区街景

■ 赞助足球队让我思考人生

腾讯财经：建业也不只是做房地产，还有一个足球队。您当时为什么想去投资足球这一块？

胡葆森：1994年，中国的足球职业化改革需要企业去支持，可遗憾的是，在职业化改革的早期阶段，河南的足球队没有本省企业去赞助。有一个外省的企业想赞助河南省球队，媒体披露了这个消息之后，我凭着热爱河南本土的这样一种朴素的责任感，再加上我对体育的爱好，就参与了这样一场竞争，最后比较幸运地取得了投资足球的机会，这一做就是17个年头。应该说这件事情还是给我提供了总结和思考人生经历的机会。

腾讯财经：之前，也有其他的企业家，比如说李书福等也涉足过这一块，但是最后还是撤出了，您怎么看待这些事情呢？

胡葆森：书福先生的性格是大刀阔斧型的，中国足球恰恰不具备阔步前进的条件，所以他当时对涉足足球的艰巨性、复杂性、长期性等思想准备不足，介入了一年多就撤出了。我可能是涉足中国足球界唯一的一家民营企业，从1994年开始一直做到现在。我们的经历比较完整，两次降为乙级，2006年又升入中超，之后又打了3年中超，今年还代表中国参加了亚洲俱乐部的冠军联赛。我对中国足球有比较完整的体验。

■ 我做事情的态度就是追求卓越

腾讯财经：您刚刚也提到，您在国企里面工作过，然后又跟国企合作过，到现在您在自主经营这一块也做得非常好。在这些不同的环境中工作感觉很不一样，您有没有非常不一样的感受？

胡葆森：不同的感受就是环境变了。因为角色变化了，看问题和解决问题的角度也在变化。做事情的态度就是追求卓越，价值观没有变，做事情的态度就不会变，做人的原则也不会变。但是经营和管理方面很多东西是可以变的。

我在今年年初写了一篇小文章《在变与不变中继续前行》。其中说道：一个人，一个企业，整个生命的周期会一直在变和不变中前行。

■ 谈民企生存状况

腾讯财经：您怎么看待现在民企的生存状况？

胡葆森：我对民企了解得比较多一些，特别是河南的民企。在很大程度上，它们也具有一定的代表性。21世纪对整个国家、整个民族来讲是一个战略机遇期，整个世界的经济焦点在中国。在这个机遇期内，民企最重要的任务，是在国家经济、政治、文化等方面整体进步的过程中，找到自己的位置。要找到自己的位置就要从以下几个方面入手：第一是行业，就是做什么行业，你在哪个行业参与竞争；第二是区域，就是从市场上的哪个区域介入。更准确一点儿的说法是，市场范围究竟是世界的，还是一个以国家为范畴的，还是以一个省、一个城市或者几个城市为范畴的。民营企业要确定自己的市场，确定自己的行业，目光远大，脚踏实地。

我在河南18个城市做了18年。我们最近有一个广告语叫“十八年十八城”。我觉得任何一家民营企业，只要在大的社会背景下，在民族战略机遇的大背景下，在中国城市化不断加速的社会背景下，找到自己的市场，找到自己的行业，踏踏实实做人，就有自己的立足和生存之地。

“《基业长青》这本书是1996年出版的，当时它从美国过去100年的所有最伟大的企业里，挑选了伟大之中的最伟大的18家企业，到1996年的时候，那18家企业的平均寿命都达到98年了，也就是说平均都是在一八九几年成立的。大家都知道，过去这一百年里美国经历了两次世界大战，还经历了美国大萧条等种种大事，能够支撑这18家企业存在将近一百年的共同的东西，我们发现原来是价值观。不是中国企业今天谈价值观，是所有优秀的企业想做成百年老店，价值观都是不能回避的东西，是支撑企业的一个最核心的东西。”

——胡葆森于2011中国绿色公司年会发言

■ 要尊重规律，否则就会受到惩罚

腾讯财经：胡总，您有投资失败的经历吗？

胡葆森：有，我1997年在香港投资了一层楼。一个半月，赚了大概1700万。接着我就头脑发热，又花了1320万投资了一层楼，交了20%的定金。结果金融风暴来了，这20%的定金360万三天就没有了。

腾讯财经：当时是什么样的心情?

胡葆森：认识了什么叫规律。规律就是上帝，这个感觉就是那个时候产生的。认识到了“上帝之手”其实就是规律。所有的事物都是规律主宰了它的运行轨迹，违反了这个规律就要受到惩罚。

腾讯财经：但是您的心态还是特别好。

胡葆森：我从那个时候开始注重研究规律。做企业就是在探寻规律，认识规律，然后按规律办事。你越成熟你就越能认识到规律的作用。现在我之所以心态比较好，就是知道人在规律面前永远是一个被支配者。

腾讯财经：一个人占主导地位的企业里，您会不会觉得比较孤独？之前您也说过，会觉得有点儿累。

胡葆森：对，思想上是有孤独的时候，有时候我们从某一个角度思考某个问题达到一定程度的时候，能够和自己交流的人并不是很多。虽然我的业务在河南，但是我的思想交流层面应该说是在全国范围内，甚至是在国际范围内。我参加了中国企业家俱乐部，也参加了我们地产界的中城联盟，在支持生态环保活动的时候，还参加了阿拉善生态协会。作为全国人大代表，我每年有参加全国“两会”的机会。我在不停地参加这一类的活动的过程中，丰富自己的思想，包括进行企业战略思维方面的交流，扩大参与范围和研究领域，并且有助于纠正或者完善自己的一些想法。

时至今日，浸淫东西方文化多年的胡葆森仍旧拥有一些健康而精致的个人爱好。他原来喜欢篮球、排球、游泳、爬山、郊游、话剧、电影，现在喜欢打高尔夫、收藏油画，并且懂音律，爱读书，《菜根谭》烂熟于心，而且还写得一手好字。

腾讯财经：有没有想过退休？

胡葆森：我觉得不要刻意地追求退休或者不退休，只想尽力而做，尽心而为，找到自己的位置，比较适当地去发挥自己的作用。我年初辞去了总裁的职务，希望让自己在企业中扮演更恰当的角色。因为我自己在管理上不太擅长，所以就让比较擅长管理的人到管理岗位上，我自己主要还是在战略层面上作一些思考，作决策。

■ “财富不是永久的朋友，而朋友却是永久的财富”

腾讯财经：人们都说，您和王石还有冯仑被称为“中国房产三君子”。您怎么样看待做人和经营呢？

胡葆森：这是媒体的一种说法。我觉得中国地产界有很多君子，不只是我们三个。只能说明我们三个关系比较好，在一起交流比较多，平时一致性的行动也比较多。我们是以君子的标准去要求自己的。我想随着中国城市化的加速，会有越来越多的成功的地产界的企业家为这个行业和社会的整体进步发挥越来越大的作用。

腾讯财经：您有一帮非常好的企业家朋友，为什么您的人缘会那么好呢？您是怎么样做到的？

胡葆森：其实在国内地产界也好，企业界也好，我确实有一批非常好的朋友。大家相处方法很简单——以诚相待。建业作为区域化发展的一个企业，能够更多地为朋友进入河南这个市场提供一些帮助；另外，我还可以把自己在河南这个区域做了18年的一些经验和教训在思想层面上跟大家进行交流，所以我就交了这么多朋友。他们对我帮助也非常大。我觉得这也是我人生中一件非常值得庆幸的事情，有这么多朋友，我也感到幸福。

腾讯财经：那您比较欣赏的企业家有哪些呢？

胡葆森：有很多企业家我都很欣赏，他们身上都有很独特的东西，也很值得其他人去学习。比如说，柳传志先生、马蔚华先生、王石先生等。

腾讯财经：您是怎么看待财富的呢？

胡葆森：我们不是有一句话吗？“财富不是永久的朋友，而朋友却是永久的财富”。意思是说财富它不能作为你永久的朋友，但是朋友却是你永久的财富。所以财富就是你实现人生价值观的手段，包括刚才讲的实现梦想过程中的一些手段，而不是目的。

腾讯财经：最后一个问题，我们知道您今年被选为中国企业家俱乐部的理事长，当时有什么感受？

胡葆森：我当时一直在推辞。第一，我不能保证有效地为企业家俱乐部这40多个理事服务；第二，无论在个人威望还是企业的影响力上，我和其他的企业家相比还有很大的差距。还有很多优秀企业家应该去担任这个理事长的角色，无论是他们的影响力、个人品格，还是企业的服务等条件都比我好。但是在原来的理事长、常务执行理事长的劝说下，我发现这个岗位是一个服务的角色，如果一直推辞就好像是不想为大家服务一样。因为大家每年一轮值，我年龄排在前面，我就率先给大家提供一年服务吧。于是我就接受了这个任务。

腾讯财经：担任这个理事长有什么责任吗？

胡葆森：中国企业家俱乐部成立的时间不是太长，刚刚三年的历史。怎么样让这个组织更具生命力，更具影响力，更具凝聚力，这确实需要一些计划。在我服务期间，可能我会征求更多的理事们的意见，在他们的建议下不断地使我的这些想法得到完善，然后去执行，使这个组织在我的任期内，能够取得一些有效的进步。

腾讯财经：非常感谢您接受访问，再见！

胡葆森：谢谢，再见！

编辑手记——胡葆森：温和的坚持者

文/刘雁

见过胡葆森的人，都可以感受到他的亲切与温和，而只有与之交谈很久，才可以感受到他内心的强硬与坚持。他是一个温和的坚持者，有着自己的梦想，也有自己的原则，却总是以温和婉转的方式呈现。

我们的采访约在香港国际会展中心，他刚刚参加完中国企业领袖年会的一场分论坛。那天，他演讲的题目是“中国城市化中危机和机会并存”。

会后，他迈着八字步，向上微扬起脸，气宇轩昂地向我们走来，他的脸上保持着一种平和、大度而有亲和力的微笑。

那天我们没有专业的访谈间和灯光，可以说现场条件极其简陋，但胡葆森并没有介意，他耐心地等待我们“摆设”机器。

跟他对话，就如同跟父辈聊天一般，并没有太大的压力。我们从房地产调控聊起，到他如何赚到第一桶金，又如何从失败的投资中东山再起，再到他的梦想和原则。

他似乎没有忌讳任何问题，包括当年在香港投资失败的经历，他亦侃侃而谈，并坦言自己就是从那时候认识到了规律就是上帝，“它主宰着一个人、一个企业、一个国家，所有的事物都是规律主宰了其运行轨迹。你违反了规律就要受到惩罚。”

五月的香港天气宜人，外面的阳光透过落地窗洒落在会展中心里面。胡葆森有些感慨地说，那个月便是他回到河南发展建业地产的第18个年头。

这18年里，有着香港工作和投资经历的他并没有选择留港，而是北上中原，回到自己的家乡，开创了另一片天地。

这18年里，胡葆森在河南18个城市有了自己的项目——有人认为他那是“偏执扩张”，然而他打造的地产王国“建业”在2008年金融危机期间成功地在香港上市。

有媒体评价说，建业上市没有赶上最好的时光，但阵势却称得上辉煌。挂牌当日，柳传志、潘石屹、王石、任志强、冯仑等商界风云人物悉数到场，被媒体戏称为“八星助阵”。由此可见，其人缘真不是一般的好。

在业界，胡葆森和王石、冯仑有“中国房产三君子”之称。但对于这一称号，胡葆森却谦虚地说，中国房地产界有很多君子。

谈到梦想时，他说每个人都应该有自己的梦想，但每个人的梦想都不一样。当大多房地产商布局全国时，胡葆森却坚守在河南深耕。他的梦想就是“区域为王”。

2010年初，胡葆森写了一篇文章——《在变与不变中继续前行》，一个人一个企业，他的整个生命周期就是一直会在变和不变中前行。有些东西是不变的，有些东西是变的。

他有些严肃地说：“价值观是不能变的，道德标准是不能变的，做事情的态度，做事情的原则是不能变的。但是经营和管理方面很多东西是可以变的。”

在他看来，做事情应该先问是非，再论成败。一句话，便将他内心的强硬与坚持溢于言表。

远东控股集团董事局主席 蒋锡培

蒋锡培：卖电缆起家的首富

- 其实企业家最重要的品质有几点，第一是要有眼光，第二是要有胆力，第三是要不停止脚步，第四是要有相应的能力，另外就是要有非常真诚的性格。
- 你要把优秀的人才放到合适的位置。哪怕是一个普通员工，你也要知道他适合做什么。
- 幸福是一种感觉。它包括事业有成、身体健康、家庭幸福。

成功轨迹

1963年，高中毕业后，跟随二哥学习修理手表，当过钟表匠，办过仪表厂。

1990年，创办范道电工塑料厂远东集团前身。

1992年，远东实施第一次改制，由私营企业改制为乡办集体企业。

1995年，远东实施第二次改制，转变为股份合作制企业。

1997年，远东实施第三次改制，与中国华能集团等四家大型国有企业合资组建了被称为“双赢模式”的混合所有制企业。

2001年，远东实施第四次改制，转变为民营股份制企业集团。

2007年，成立国内第一家定向资助残障人士就业培训的慈善基金会——远东慈善基金会。先后被评为“2008CCTV中国十大经济年度人物”“2009安永企业家奖”“全球华商十大首善”等荣誉称号。

蒋锡培印象

文/曾涛涛

在上世纪80年代末，中国江浙一带出现了创业高潮。

他们多是草莽出身，白手起家，勤劳肯干。可是在他们之中，把企业真正做大、做强的人并不多。

蒋锡培，这个中国江苏农村的小伙子，靠修理手表起家。虽然创业初期遭遇波折，但他凭借韧性和执著，从不被人看好的电缆做起，最终打造了自己今天的商业帝国。

如今，身价数十亿的蒋锡培，说话办事依然保持着本色，举手投足处，正是中国草根创业的典范。

■ 放弃大学的代价

可以说，蒋锡培的创业之路和他的家人有千丝万缕的关系。

在高考落榜又复读一个月后，他不顾父母的反对，没有继续复读考大学，而是选择跟随二哥学习修理钟表；在第一次创业失败后，他抓住大哥给的信息，做起了电缆生意。到今天，他的远东控股集团已经成长为中国电缆行业的龙头企业，资产从最初创业时的180万发展到83亿。如果当初他选择的是继续复读参加下一年的高考，那他面对的又是怎样一种人生？

蒋锡培告诉腾讯财经，其实他是想读大学的，并且想成为一名大学老师。因为二哥，蒋锡培作出了影响他一生的第一个选择。他觉得，条条大路通罗马，修钟表是一

■ 远东控股集团有限责任公司的厂区。

门很好的手艺。就算不上大学，自己创业也能成就未来。而那时候他的人生目标，就是靠修钟表挣够5万块，然后盖一间房子，娶一个漂亮的老婆。

蒋锡培很聪明，只花了56天时间就学会了别人要半年才能学会的修表技术，并且做得不错。同时，他很勤奋，很能吃苦，每天加班修理钟表到深夜。在此期间，他也学会了认真、诚恳、耐心、专业，这种性格，为他日后成就大业打下了基础。这也是苏商们的特点。

蒋锡培是这样评价苏商的：能吃苦，有理想，责任感强，有奉献精神、冒险精神。可以看到，在一开始的时候，他的确也是这样做的，所以他有东山再起的基础。

■ 创业的代价

没有人的人生是一帆风顺的，蒋锡培也是如此。

在他辛苦修表几年后，他攒下的钱比原先想象的要多得多——25万。冒险可能是企业家的共性，他开始不安分起来。他开了一家为大钟表厂生产零配件的仪器仪表厂。可惜一年后，他不但亏空了本金，还欠下30多万的外债。在20世纪80年代，30多万是一个让人难以接受的天文数字。

如果你小看了这位个子不高，喜欢穿浅色衬衫、留板寸短发的男人，那你就错了。他并没有因此一蹶不振。“我相信天无绝人之路”。在这个时候，蒋锡培的大哥对他说，电线电缆一天一个价，你为什么不去做这个生意呢？

当时，中国的电力等国家垄断产业的经济增长方式处于粗放型向集约型转变的过渡时期，产生了大量的市场空间。蒋锡培抓住机会从亲戚朋友那里筹集到十几万，开始了新的创业。一直到现在，蒋锡培都非常感激在他困难时期帮助过他的亲戚朋友。

如果没有大哥的提醒，他不会走上依靠电缆起家的创业之路；如果没有亲戚朋友的帮助，他就没有资金启动创业，是大家成就了他。当然，很重要的一点是，众人认为蒋锡培值得他们帮助。所以说性格决定命运。

■ 企业顺势发展

20世纪90年代初期，正赶上改革开放的大浪

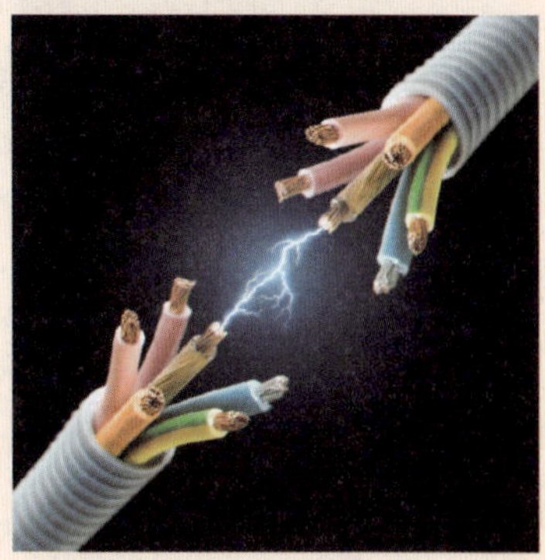

■ 电缆。

■ 蒋锡培在2008年CCTV中国经济年度人物颁奖大会上发表获奖感言。

潮一浪高过一浪。各种项目的建设，使得电力需求旺盛，电缆市场自然也蕴藏着巨大的空间。蒋锡培在1990年创办的范道电工塑料厂（远东控股集团前身），就是在这样的背景下，有了发展的沃土。

20年来，远东控股集团审时度势，经历了四次改制：1992年，将私营企业改制为乡办集体企业；1995年，远东又及时将企业改造为股份合作制企业；1997年，为了解决企业资金瓶颈，与中国华能集团等四家大型国有企业合资组建了被称为双赢模式的混合所有制企业； 2001年，将公司彻底改造成了规范的民营股份制企业集团，保证了现代企业制度的建立与完善。对于这四次改制，蒋锡培认为是不得已而为之的举措。

可以说远东控股集团是幸运的，在历史的洪流中选对了方向，存活了下来，并且活得不错。远东走到今日，蒋锡培感慨万千："一定要审时度势，符合经济、企业发展的规律，才真正能够使得企业安全、健康、快速地发展。今后的发展方向不能错，战略不能错！"

发展到今天，远东还涉足医药、地产等多个行业。这种多元化的经营，对民营企业来说也是一个不小的挑战，如果风险控制不好，甚至会使企业倒闭。当下，几乎所有优秀的中国企业都或多或少地进行着多元化的努力，几乎所有优秀企业的危机与衰亡都与公司的多元化扩张战略有关。正所谓成也多元化，败也多元化。

对此，蒋锡培表示，其实多元化和专业化都是有风险的。关键是你有什么样的资源，有什么样的能力，你利用这些资源把握这些方向的时候一定要符合实际，也就是任何时候都要有一个度。当然，前提是守规守法，否则你就会置企业于巨大的风险之中。

■ 信仰

除了想成为一名教授，蒋锡培还有一个理想，就是成为中国共产党党员。

他被海外媒体称为“中国新一代的红色民营企业家”。从远东集团的四次改制来看，蒋锡培的确是这样想的，并且也是这样做的。

蒋锡培说，他觉得人没有信仰是一件很难过的事情，他的信仰是中国一天比一天好。这不免让人猜想，民营企业要想发展得好，与政府建立良好的关系才是生存之道。民企到底该如何把握与政府之间的关系，如何平衡这种关系，才能使之成为扬帆远行的动力呢？

■ 孩子和家庭

选择企业接班人，是每个民营企业家都必须面对的问题。

蒋锡培有两个儿子，他们都无意接手远东控股集团，但这一点儿也不影响父子之间的关系。而关于企业传承，蒋锡培也满是自信。从开始的时候，远东就没有建设职业经理人队伍，而是建立事业经理人队伍。也就是所有到这个企业工作的人，一定把

它当成自己的事业，这样能使每个人都有成就感，能使每一个人将自身利益与企业发展联系起来。

蒋锡培的一句话让我记忆深刻。他说，幸福是一种感觉，它包括事业有成、身体健康、家庭幸福。

之前，在谈到创业、谈到远东的发展、谈到企业的管理时，他始终是严肃的、认真的，眼神锐利；而在谈到家庭、孩子的时候，他的眼神一下子变得温柔起来，他也变换了更随意的坐姿。

他说，他是该工作的时候工作，该吃饭的时候吃饭，该睡觉的时候睡觉，生活很有规律。企业一直在有序地发展，同时生活也兼顾得很好，不论是父母，还是兄弟姐妹，大家都是互相支持、互相帮助，他的一家很幸福，生活得很好。

或许，就像他所说的："做好企业，生活幸福。这是我今后最希望做的事。"

■ 从远东创建起，蒋锡培就已经开始关注残疾员工。

访谈实录

访谈嘉宾：远东控股集团董事局主席　蒋锡培

访谈主题：如何从修表匠成为电缆大王

访谈主持人：曾涛涛

访谈时间：2010年7月

访谈地点：福建福州　香格里拉大酒店

■ 其实很想上大学，高考落榜后曾复读

腾讯财经：各位网友大家好！今天我们请到了中国企业家协会副会长、远东控股集团有限公司董事局主席蒋锡培先生。蒋锡培先生曾经当过修表匠，他以25万元创业，如今20年过去了，他的远东控股集团的资产已经达到了83亿元。今天我们就和蒋总一起分享一下他的商业人生。每年的7月，高考都是一个热点话题，您当年高考落榜之后，是怎么选择了修表这条道路的呢？

蒋锡培：其实我是想读大学的。我的梦想就是成为一个大学老师、教授，这也算是光宗耀祖，是很好的一个行当了。特别是我们宜兴向来是教授之乡，崇尚读书，崇尚教育。父母亲说要想离开农村，要想有所成就、出人头地的话，你唯一的道路就是考大学。

所以，我从小就怀着这个梦想，而且我的成绩是非常好的，我小学到高中最差的时候也是学习委员。但是，在当时的环境中，应届生考上大学的概率只有

2%。我后来复读了一个月，就没有坚持下去。

我去修钟表，是因为修钟表是一门很好的手艺，像以前农村的理发、木匠、建筑等都不错。再加上我哥哥有这门手艺，他有意无意地说到，他的生意很好，一天能挣几十块钱。那时候一天几十块钱是什么概念？就是说一个月的收入有好几千。因此，我就喜欢上修钟表了。

但是，我父母亲是坚决反对的，这么多的兄弟姐妹里面没有一个人能读大学，我算是最有希望的一个。但是那个时候我就下定决心，不读了。条条大路通罗马，我修钟表不也是很好的出路吗？那个时候买一个手表都要走后门，50块钱的手表已经算高档表了，我能帮他们修好，很不容易。所以我就没有回头。父母亲看怎么做我工作也没有用，就没有办法了。

我记忆中非常深刻的是，当我要到杭州去跟我哥哥修钟表的那一天，我父母亲还不开心，没有理我。那一天我就知道父母亲真的很生气，他们觉得这个小孩不听话，让他们失望了。但是，我没有回头，真的决心已定，也没有顾及太多，就南上杭州，跟我哥哥修钟表了。

从一个高中生到钟表匠，到厂长老板，再到民营企业家，蒋锡培完成了多次的自我超越。不停地学习，不断地总结，这是他的两大法宝。他没有太多的业余爱好，更多的闲暇时间被用于看新闻，与朋友交流。蒋锡培用自己的方式迅速完成了一个民营企业家所需要的知识积累。

■ 坚定学习修表的决心

腾讯财经：您的父母亲，大概在您走到什么样的一个阶段，才对您不再生气了，觉得您选择不读大学也是正确的？

蒋锡培：父母亲到现在还多少有遗憾，他们总认为我是能够考上大学的，而且能够考上名牌大学。他们非常有信心。

我跟哥哥学了56天修钟表，人家要学半年的手艺，我不到两个月就学会了，就可以摆摊了。有天哥哥跟我说，你自己可以去摆摊了，没有问题。如果有问题的话，我可以帮助你。那个时候我想，既然哥哥同意了，我自己摆摊挣钱也很好。开始自己修钟表的时候，生意很好。每天上午接活，后来每天晚上还要加班几个小时。而且人家来给我修理的手表、闹钟，没有两个月是拿不到的。三五年的时间里，我带了五个徒弟，因为一个人忙不过来。

那个时候，很多人都是要等着手表用的，一天没有手表都难过，都习惯性地要看时间，但是他们宁可等我，也要让我来帮他们修。第一，他们觉得我修表的手艺好，放心。第二，我的收费也合理。第三，我确实跟他们也比较熟。在这个地方，大家看我还是很可爱的，是很让他们开心的。那段时间我确实也收获不小。我父母亲也慢慢地重新了解我，开始原谅我了。

腾讯财经：您学习修理钟表这几年，对您以后的创业有不少可吸取的经验和可学习的东西，对吧？

蒋锡培：非常之多。一方面，我觉得做生意很有讲究，你要非常认真，非常理解人家。另外，你还要非常诚恳，非常客气。方方面面的东西，在那个时候多多少少都学到了一点儿。还有，修钟表跟其他的工作不同，一坐就是一天，10个小时、15个小时，要有足够的耐心，因为零部件太小了。一个手表里面有几百个零部件，要把它坏掉的东西，特别是把它的轴心修理好的话，确实要专业，还要有足够的耐心。所以，这对我影响是很大的。

腾讯财经：您修钟表赚了大概25万，是不是您创业的第一桶金？

蒋锡培：如果把修钟表看作是创业的话，那确实是创业的第一桶金。

■ 第一次创业失败，从半空掉到地上

腾讯财经：您后来创办了一家为大型钟表厂提供零部件的仪表仪器厂，但第二年就亏损了30多万，这在当时来说是一个很大的数字。您是怎样从亏损中调整自己的心态，在1990年又创办了范道电工塑料厂的？

蒋锡培：我修钟表赚这么多钱，想想那个时候是非常不容易的。选择去做钟表的零部件，按照道理来讲跟我修钟表这个行业是有关的，想想也没有错。但是为什么亏损了呢？当时我也搞不明白。

腾讯财经：现在想明白了吗？

蒋锡培：当时有点想不明白。过后一年两年就想明白了，因为这个东西对技术要求太高了，我这点资本远远不具备做钟表零部件企业的条件。你要保证质量的话，首先自己要有足够的装备，尖端的检验设备，还要有非常专业的操作员工、管理水平等。

那个时候，我把人家的半成品拿过来做后期加工，不要说帮人家创造更好的品质和质量了，我的产品往往都会出毛病，比如闹钟一天走不到24个小时可能就停了，手表可能有的走不到两天，甚至一天就相差5分钟、10分钟，这样怎么行。所以，人家就纷纷退货了，有人用了也不给钱，甚至要我赔偿。我20多万块的本钱要买设备、买原材料，不但给人家的货收不回货款，而且还要再赔偿人家的损失。那个时候把本钱亏了以后，还亏二三十万块钱，那是一个天文数字。不能说是从天上掉到地上，也可以算是从半空中掉到地板上了，所以那时的我压力很大。

天塌下来，他一碰枕头就睡着了，这是蒋锡培生活里最为引人注目的一面。当然，这一面只有他身边的人才会有具体的感受。他是一个很难被挫折击倒的人，这不是一个可以用公式推导的结论。因此，在创业失败的紧要关头，他如履平川的心态，成了旁观者难以解开的谜团。

腾讯财经：您为什么在1990年又选择创办电工塑料厂？要知道这跟您之前的钟表行业还是有一定的差距的。

蒋锡培：我们兄弟四个，姐妹两个，兄弟姐妹共六人，也算是一个大家族。每个兄弟姐妹都有一门手艺，我后来去创办这个企业是受我大哥的启发。他在关林镇，也就是与我老家范道乡相邻的一个镇。他在一家企业里面做上海办事处主任和销售经理。他就讲，现在电线电缆一天一个价，你还不如做点生意。你那里买得到的话，我这边可以帮你去卖。就因为他给我提供了这条信息，第二天我就再向亲朋好友借了十多万块钱。

那个时候我非常感激他们，因为他们已经借给我好多钱了，他们以前也帮助过我很多，但是我亏了这么多钱，现在再向他们开口，他们还能信任我、关心我、支持我，使得我有爬起来的机会。

有了这点本钱，我再去安徽和浙江那边把电线那些产品拿到江苏、上海来卖。因为当时的信息传播有很大的一个时间差，不像现在的通讯这么发达，我们就是利用这个信息的时间差，把机电公司、五交化公司的仓库里面、柜台里面的产品拿过来，到江苏、上海去卖。基本上三五天、一个礼拜就是一大卡车，而且那个时候毛利很高，一星期可能相差20%，甚至30%、50%。周边商家的电缆被我们拿光以后，我们干脆到生产厂家拿，后来就到浙江拿。这样做了有一年多的时间，我就把原来的亏损全部挽回了，还赚了100多万。这就是我1990年为何能办电工塑料厂，那是因为有了这样一个基础，我才走上了办电缆厂这条路。

蒋锡培非常看重企业的管理和企业文化，在他眼中，制造业讲究精细，而不是流于形式，每一步都要到位。企业文化也很重要，因为有的事情不是靠管理就能够做到的。远东在1995年的时候就创建了文化馆，让大家体会企业的宗旨，热爱自己所服务的或者所坚守的企业。

腾讯财经：您怎么看现在的创业环境？和当时比有很大的区别吧？

蒋锡培：现在的创业环境肯定跟以往不好相比，差距大了。企业家也是宝贵的财富之一，因为大家认识到现在的社会经济发展需要企业家，国家最宝贵的财富之一可能也是企业家。这种认识是没有一点儿问题的。再加上国家也认识到，要想富强的话，就要有更好的环境，这些环境不光是舆论环境，还有政策环境、法律环境等。

在很多年前，民营经济是国民经济不可或缺的组成部分，现在民营经济是国民经济的重要组成部分，这确实是不能同日而语的。而且有相应的法律确定你的资产受法律保护，这也很重要。我想这种环境来之不易，我们也非常珍惜。我相信只要你守法守规，只要你能够处理好方方面面的关系，能够对利益相关者负责，你肯定会得到理解和支持，会赢得很好的发展环境。对所有的企业家来说，在某种程度上大环境都是差不多的，为什么有的人感觉很好，有的人感觉到比较紧张？虽然有客观因素，但是也有涉及主观方面的一些可能顾及不到的事情。总之，我觉得我们现在的创业环境，特别是在江苏，在我们宜兴还是很好的。

■ 企业其实是社会的一分子

腾讯财经：远东集团现在的资产是82.69亿，这跟您创业的时候相比，有很大的跨越。远东发展到今天，您觉得怎样才能把它管理好？

蒋锡培：尽管我创业初期是从无到有，但现在确实也有了一定的基础规模，在电缆行业我们连续12年在国内产销第一，在全球是第六。我们还做医药、地产、投资，是一个相对来讲有一定规模的企业。所有这些我们都非常珍惜，确实是来之不易。但是，我们觉得跟全球的500强企业相比，跟未来的目标相比，差距还是很大的。我们其实还是走在创业路上，如何使自己的企业在现有的基础上得到更好的发展，确实有非常多的事情要去考量的。

首先，我们觉得今后的发展方向不能错，战略不能错。第二，制度层面一定要能够跟形势接轨，无论是新旧管理制度，还是业务流程、组织架构，还是相应的激励机制和约束机制，包括你招聘什么样的人才来为企业服务，这都是相当重要的。但是有一点尤其重要，你的企业是如何定位的，你是希望为自己的股东、为自己多赚一点钱，自己过得更开心一点儿，还是在这个基础上，把它看成一个社会共同的财富？

腾讯财经：谈到社会和企业的关系，现在不少企业发展到一定程度后就谈企业的社会责任感。远东集团在1990年成立的时候就已经吸纳了两名残疾员工，您那时候是偶然吸纳的，还是有意为之？

蒋锡培：两位残疾员工是我们创办的第一年招聘的，那个时候其实是巧合，偶然的。因为我刚刚开始创办企业的时候，也就二十多个人，也只有亲朋好友，熟悉我的人帮助、支持我。其中就有两个残疾员工，一个是我父母推荐的。我们同一个村，他父母跟我父母比较熟，就找到我父母，希望到我的工厂来工作，帮助他今后养家糊口，我欣然接受了。另外一个是我的一个同学的弟弟，他患有小儿麻痹症，家庭非常困难。那个时候他也是希望到我的工厂工作，我说可以，没有问题，反正我这边还要招工人。那个时候我们对健康状况、学历、专业等没有硬性要求。我觉得管理企业的工作有我们几个人，关键岗位也有合适的人，至于后勤的人，只要是力所能及的工作，他们来的话也可以，没有什么影响。

但是后来随着我跟这个群体的联系越来越多，才知道他们这个群体有多么大，他们的生活有多艰辛，他们多么渴望和正常人一样，有学习的机会，有工作的机会，能够自食其力，而不是靠大家施舍。虽然他们有时候会接受施舍，但是在接受施舍的同时，他们的内心是非常伤感的，也是非常自卑的。当他们有了一份稳定的工作，有比较好的收入和福利，能够用自己的能力、智慧来获得报酬，能够自食其力的时候，那是他们的自信，开心就会溢于言表。那个时候，我为他们带来的这些，他们真的比很多正常的人珍惜。

后来，有些人知道我们可以接纳残疾人，就一个一个地找我们，我们就力所能及地尽量安置。因此，我们在20年当中，先后安置了2000多个残疾员工。现在在职的残疾员工还有1500多位，我跟他们也结下了深厚的感情。

2007年5月，远东为全国8296万残疾人每人捐赠1元钱，成立了面向残疾人教育、培训、就业的远东慈善基金，基金会的宗旨是给残疾人创造培训和就业的机会。蒋锡培始终认为，传统的捐财献物只能缓解残疾人一时的困顿，若能为他们安排一份稳定的工作，则可以让他们获得长远的幸福。正所谓“授人以鱼，不如授人以渔”，远东的举措，让众多残疾人在原本荒芜的人生之路上，开始了充满希望的绿色征程。

腾讯财经：那您对企业的社会责任感怎么看？

蒋锡培：我觉得做企业首先应该多交税，多提供就业岗位，支持就业等，这些都是企业少不了的、法定的社会责任。其他的一些责任，比如说资助教育事业、支援灾区等，可以说上升到道德层面了，你要尽可能、尽自己的良心去做这些事情。

我觉得远东在这方面是非常清楚明白的，因为我做企业就是为了社会。尽管当时没有想这么多，就是想生活得好一点儿，想让自己也充实一点儿，但是，当我们的企业一天天发展壮大起来，到今天有6200多名员工，而且已经走过了20年的时候，我们越来越理解，越来越明白，我们的企业其实就是社会的一分子。今天能够为更多的人提供就业机会，为国家作更多的贡献，还能够帮助更多需要帮助的人的时候，这种满足感、荣誉感、成就感也是溢于言表的。

■ 要把优秀的人才放到合适的位置

腾讯财经：对。您有没有想过远东集团今后由您的孩子来接管？

蒋锡培：曾经也有人问过我这个问题，我也跟孩子讨论过。我有两个孩子，都是南京大学的，一个已经在美国读研究生，毕业回来工作了；一个下半年大四也要到美国去了。他们很有抱负，很有想法。他们也是能够做事情的，我觉得他们非常优秀。有时候跟他们讨论到这个话题的时候，老大说现在想自己先做，如果我需要帮忙的时候可以到公司来。老二说，你太辛苦了，当我自己把事业干好的时候，我争取收购你的公司。

远东控股集团有三种主业，三个业务板块，个个都有一个团队，而且非常优秀、非常专业。另外，我们的投资也由专业的团队来管理。我们也算是业内最早提出了“主业+基金”发展模式的企业。我现在基本上不去具体管经营管理的事情，重大的战略决策、人选安排、重要的公共关系等，可能我要花一点儿心思。从这个角度来讲，我已经有很好的一个团队了。

我们从开始的时候，就没有建设一个职业经理人队伍，而是建立了一个事业经理人队伍。也就是所有到这个平台、这个企业当中工作的人，一定把公司当成自己的事业。我们建立了这样一套系统的、全面科学的管理制度，使得每个人都能有成就感，都能把公司的利益跟他的切身利益挂钩。所以，孩子未来接班不接班，一点儿不重要，他们可以去做他们的事情。

蒋锡培广纳人才，礼贤下士，用人不拘一格，在业内是出了名的。早年他为了请上海电缆研究所退休的高级工程师虞正明先生来远东，曾5次登门，硬是凭自己的一片赤诚感动了这位才华横溢的老人。1998年，远东控股集团授予从上海电缆研究所高工岗位退休，到远东控股集团总工程师岗位任职7年的虞正明杰出贡献终身奖。自该年起，虞老除了每月领取退休金外，每年获奖金5万元，作为他对远东发展作出的巨大贡献的回报。

腾讯财经：远东控股现在有电缆、医药、地产等项目，很多民营企业都有这样的一些情况，就是多元化。多元化是不把鸡蛋放在一个篮子里面，但同时要面临管理的风险。远东现在也做“主业+基金”的模式，您怎么看这种发展模式的风

险？怎么样控制？您觉得能和其他的企业家分享什么？

蒋锡培：其实企业家最重要的几点品质。第一是要有眼光，第二是要有胆量，第三是不停止脚步，第四是要有相应的能力，另外就是要有非常真诚的性格。

其实多元化和专业化都是有风险的。关键是你有什么样的资源，你有什么样的能力，还有就是你利用这些资源把握发展方向的时候一定要符合实际，也就是任何时候都要有一个度。当然，前提一定是守规守法，否则你就会置企业于巨大的风险之中。有好多人说我就打个白条，没有关系，又没有人发现，现在是越来越公开、越来越透明的法制社会，这样做是绝对不行的。

另外，企业一定要在不断的创新当中，实施科学的管理方法。你还要把优秀的人才放到合适的位置上。哪怕是一个普通的员工，你也要知道他适合做什么。我认为方方面面的事情是很多的。企业家主要还是要把握方向，另外还要合规守法，加上能够使企业不断发展的能力，才能使企业的风险比较小。

■ 企业变不变都要死

腾讯财经：作为一个民营企业，您从开始创业，到后来的几次改制，您怎么样看远东控股的发展历程？它是不是中国一批民营企业发展的一个缩影？

蒋锡培：其实每个企业都有它不同的发展路径，在不同的环境条件下会选择不同的发展方式。远东在以往的20年当中，从制度层面进行的四次改革是不得已而为之的。按道理这么重大的事情，哪能不断地变来变去？但是，我创办企业了，有这么多人跟随着我，我希望对他们负责，不希望这个企业倒下去，所以我要去变。但是变了以后没有把企业变死。很多人变了以后就变不下去了，甚至变出大问题了。幸运的是我们在一个这么开明的环境当中、比较务实的诚信的环境当中，我们的远东走过来了。所以我非常幸运。

腾讯财经：您觉得主要的原因是什么？

蒋锡培：企业不变要死，变了也要死。关键就是你什么时候死的问题，500年以后死就了不得了。所以，这个企业100年、500年以后死了也没有关系。因为死掉的是某一点，但是由于它的存在活起来了一大批。

电缆技术的发展为风力发电提供了保障。

腾讯财经：您刚开始聊到创业的时候其实还是比较艰难的，您觉得那个时候是不是您职业发展，或者说到现在走过的路当中最困难的时候？您觉得自己最困难的是什么时候？您是怎么样克服的？

蒋锡培：那个时候确实是困难时期之一。自己赚了二三十万，靠修表一块钱两块钱积攒起来的，不但一下子亏光了而且还要再亏二三十万，家里除了房子没有卖掉以外，几乎都卖光了，却还是欠很多的债，我肯定是压力很大。

但是，我相信天无绝人之路，我一定能站起来的，而且，我的兄弟姐妹、父母、亲朋好友对我还是很有信心的。因为他们知道我做那个工厂是因为什么样的原因而亏损的，他们信任我还能做得起来。所以，这一点使我渡过了难关。我自己有一定的目标和执著的追求，还有很多人的关心，使得我渡过了一个又一个难关。所以，我现在非常感激他们。在某种程度上，除了自己努力，外部的客观环境和条件也是必不可少的。

对不确定的事情敢于作出决策，蒋锡培经受了创业的考验。为了远东的顺利发展，他先后策划了四次体制性变革。从私营企业到集体企业；从集体企业到股份制企业；从股份制企业到混合所有制企业；最后是民营企业。在改革的深水区来回过河，蒋锡培的冒险精神彰显无遗，他的底气在于敢于冒险。

■ 年轻人创业，努力最重要

腾讯财经：这也跟个人的魅力有很大的关系。您觉得一个人要创业成功，或者说青年人要想创业成功，性格当中哪一方面的品质最重要？

蒋锡培：友善、诚恳、努力。当然因素还有很多。

腾讯财经：最重要的呢？

蒋锡培：最重要的就是努力。

■ 人没有信仰是很难过的一件事情

腾讯财经：您被海外媒体称为“中国新一代的红色民营企业家”，不知道您听说过这件事没有？

蒋锡培：海外的媒体我基本上不大关注，他们说我好话，我也听不到，说我坏话，我也不知道。反正我从小就有另外一个理想，就是能够成为一个中国共产党党员，我在学校里面很早就加入了共青团。

到创业的时候，我就入党了，而且1991年的时候就是乡长助理，1992年是副乡长，1993年我就是党委副书记了。

能让蒋锡培承担现代民营企业双重历史使命的，是他在20世纪90年代的一项决定。1991年，创业之初的蒋锡培成为一名中共党员，自然，远东的党建也被他纳入日程。1992年，远东成立了党支部，1996年成立了党委，2002年成立了宜兴市首家民营企业党校。蒋锡培也荣获“全国劳动模范”“全国职业道德建设先进个人”和“江苏省优秀共产党员”等荣誉称号。2002年，蒋锡培当选为中共十六大代表。如今，远东已成为民营企业党建的重要试点，被纳入创建社会先进文化的序列。或许，这就是蒋锡培所理解的“和”文化的至高境界。

腾讯财经：您有信仰吗？

蒋锡培：我当然有了。我的信仰是，我们中国会一天比一天好。我觉得人没有信仰是一件很难过的事情。我相信这个社会美好的东西是多的，我相信绝大多数人的内心是非常健康的，是非常正面的。

腾讯财经：您作为一名比较成功的苏商，能不能评价一下苏商有什么样的特点？

蒋锡培：苏商的特点，是能吃苦，有理想，责任感强，还有就是具有奉献精神和冒险精神。这些确实是苏商的共同点。

腾讯财经：您觉得苏商跟潮商、浙商有什么不同？

蒋锡培：每个地方肯定会各有不同，因为一方水土养一方人，不同的地域文化培养的人多少有点不同。据我这几年的观察和比较，浙江人的冒险精神和风险意识，可能比我们江苏更为明显。另外，他们的团体意识更为明显。这一点可能是有互补的地方，是需要我们互相借鉴的地方。潮商，我了解不是很多。但是，我觉得江浙的优点和缺点潮商们兼有。

■ 任何人都是一本经典的书

腾讯财经：我知道您和马云、牛根生、朱新礼、江南春这些人都是长江商学院2006年中国企业CEO课程班的同学，您从这些同学身上有没有得到一些启发或者学习到什么东西？

蒋锡培：他们个个都了不得，确实是非常值得我学习的。任何人都是一本很经典的书，不光是封面，每一个内页也很精彩。马云也好，郭广昌也好，牛根生也好，以及朱新礼、李东升等，每一个成功人士，他的酸甜苦辣、成长历程，他们驾驭市场的能力、智慧，他们的社会责任意识等，都是非常值得我学习的。

在学校里不光是听教授们讲一些案例，一些理论方面的知识，更重要的是学到每一个同学身上的东西。我们同学在一起每交流一次，都会有一次收获。大家面对面地在一起，每讨论一个话题，都会引发对方的感慨。他们做到今天的规模，却还把今天当做新的创业的开始，他们非常谦逊，具有远大理想，这些都时刻激励着我。马云做得那么大，广昌做得这么优秀，李东升国际化的路子探索得非常成功……所有这些都对我有一个很好的示范和榜样作用。

腾讯财经：还有鞭策的作用。

蒋锡培：收获是很大的。

腾讯财经：我们知道您还有一个头衔是讲师。您为什么会做一个讲师？您讲很多话都非常实在，您怎么样看别人对您这个讲师的评价？您觉得您是不是有理想去做一个教书育人的老师，或者做一个企业的培训导师？

蒋锡培：其实作为一个企业家来讲，肯定会跟你的同事们有非常多的交流机会，几乎每天都在交流，或者说以会议的形式跟大家交流，或者在培训场合跟大家交流，我相信这是每个企业都有的。

另外，现在外界对远东也有一个很好的认识，有一些很好的口碑，一些活动也欢迎我们参加，自然而然地会叫我去做一些发言、演讲，贡献一些想法、观点和智慧，比如清华、北大、南大等院校，我还是他们的兼职教授。我是这样认为的，作为一个企业，如果我们能够培养出一些人才，能够总结出一些经验，这也是一种贡献。我是力所能及地做这些事情，没有刻意地想把自己变成一个讲师。但是，人家既然希望我能够讲一点东西，我终归要把自己的感悟、一些成功的做法跟大家分享，仅此而已。

腾讯财经：您有没有可能在退休以后去校园做一个荣誉教授或者讲师？

蒋锡培：现在还没有这样的考虑。但如果真的要我讲，我相信很多人还是愿意去听的，也会得到乐趣。

腾讯财经：很多媒体人对您的评价是比较坦诚，比较真诚，您对媒体也保持非常亲和的态度，您觉得这是您的性格因素，还是工作需要？是为了维护媒体关系的需要而刻意保持的吗？

蒋锡培：我跟所有人都是这样，不光是跟媒体。因为我没有必要伪装自己，伪装太多了，你不辛苦吗？所以，我相信媒体也好，朋友也好，都会理解我。你今天跟我成为朋友了，我肯定看到你很多很多的闪光点、亮点，但是哪一天我看到你有不妥的地方、不足的地方，同样也会恰当地提出来，友善地提出来，你也不会怪我。所以，我就觉得真诚、坦诚是非常重要的。那样做人也会过得比较轻松。

■ 我是一个值得信任的人

腾讯财经：如果让您用一个词来形容自己，您会怎么评价自己？

蒋锡培：好人。

腾讯财经：如果用一个句子呢？

蒋锡培：值得信任的人。

腾讯财经：在未来更长的人生里，您最希望做的事情是什么？

蒋锡培：做好企业，幸福生活，这是最希望做的。

腾讯财经：除了平时的一些企业管理，您最大的兴趣是什么？

蒋锡培：最大的兴趣就是工作、生活，就两个方面。要说得具体一点，第一个方面，譬如我们今天有一个重要的项目，我们今天有一个重大的发现，我们今天解决了一个很多人想解决而没有解决的问题……这个就是我们的兴趣。我们现在要去研究、开发的都是全球前沿的一些技术，因为我在做企业，我要知道这些东西，当你解决它的时候，当你发明它了以后，那个时候的开心劲和成就感是我最大的兴趣。这也是20多年来我一直在做的事情，也是我的兴趣点。比如说一个技术方面的问题，一个管理方面的问题，我能找到解决方案，我能把它解决掉。如果这些兴趣点没有了，可能我的企业慢慢就走下坡路了。

第二个方面，譬如今天回去跟老婆一起吃顿饭，做了一道很好的菜，我也会很开心。这也是天伦之乐。

腾讯财经：很多人都想知道管理这么大企业的企业家每天的生活是什么样的，能不能跟我们透露一下您的个人生活？在家要陪孩子吗？陪老婆逛街吗？您怎么样处理工作和生活的关系？

蒋锡培：我是该工作的时候工作，该吃饭的时候吃饭，该睡觉的时候睡觉，生活很有规律。虽然企业发展到今天这样一个规模，有很多事情要处理，但是，我觉得事情也不是一天能做完的，做不完天也塌不下来。很多时候，还是要把工作和生活兼顾好。要企业一直有序地发展，同时生活也要兼顾好，不论是我的父母，还是我的兄弟姐妹，大家都要互相支持、互相帮助，才能生活得很好。我的家人确实也很幸福。

腾讯财经：您怎么看待财富在人生中的作用和地位？

蒋锡培：财富很重要，某种程度上，没有财富是很难的。因为现在很多东西都是用财富衡量的。比如买一件衣服多少钱，买一双鞋子多少钱，买一套房子多少钱。但是，财富也不是万能的。

腾讯财经：有了财富之后呢？

蒋锡培：平时大家经常说的一句话——没有钱寸步难行，但是钱也不是万能的。这是我对财富的理解。

■ 幸福是一种感觉

腾讯财经：您对幸福的理解呢？

蒋锡培：幸福是一种感觉。它包括事业有成，身体健康，家庭幸福。

腾讯财经：谢谢蒋总今天跟我们分享了这么多自己的故事，讲了怎么理解幸福，怎么学习创业，谢谢蒋总！

蒋锡培：谢谢！

蒋锡培:http://t.qq.com/jiangxipei

编辑手记——“红色”的好人蒋锡培

文/曾涛涛

我们前后一共约了3次，从北京到江苏，从江苏到福建，终于访到了蒋锡培。

第三次，我们约定的时间是20点30分，蒋锡培刚刚参加完一个论坛，在论坛的间隙遇到他时，他对我说，你放心，这次无论如何都会把访谈给完成，今天一定完成。

果然，他很准时。在大家还在晚宴的时候，他来到了我们的采访间，他很热情，但还是看得出他稍有疲惫。

我们的访谈进行了差不多一个小时，正式的访谈之后，还聊了不少问题，关于企业管理的，关于他的家庭生活，还有未来的打算，他很认真地回答了每一个问题，尽管时间已经到了22点。

在采访的过程中，我注意到他的双手，不知为什么，这双手今天有些红肿。可就是这双手，不知道修好了多少只手表，才一点一点积累起他的商业人生。

我能感受到，他特别爱家。每次说起他的家庭的时候，他总是很幸福的样子。不管是提到家里的兄弟姐妹的时候，还是提到两个儿子的时候，都非常开心。我觉得，他是自豪于他的孩子愿意自己走自己的路，创自己的事业的，他并不因为孩子不接班而苦恼。

“我的家庭很幸福”，他说出这句话的时候，我想，一定是发自肺腑的。他非常坦诚，实在，也很健谈。

整个采访过程，差不多两个小时。在回去的路上，我们长长地舒了一口气，终于又完成一期《商业人生》的采访了，我们不仅是在工作，也是在学习，从这些企业家身上学习他们的故事。

滑稽的是，当我们的一个同事采访完后大发感慨在发微博的时候，却不小心将短信发给了蒋锡培。我们的短信是：“蒋锡培采访完了，他不否认自己是红色的，对自己的评价是‘好人’‘可以信任的人’。料和菜有了，要看怎么做了。”

蒋锡培给我们的回复是：“呵呵，谢谢。”

这趟福州之行，我们是有收获的，不仅学习了，还尝到了非常地道可口的福州菜。

爱帮网首席执行官 刘建国

刘建国：从百度第一员工到爱帮网CEO

■ 如果你做一件事，能够给别人提供方便，给别人提供价值，这个时候你会有更大的成就感。这个成就感比单纯的一夜暴富的感觉可能更深刻，它的层次可能要更高一些。尤其是你可能经过了千辛万苦，经过了探索，从无到有慢慢地把一件事做成功的时候。整个的过程我觉得是非常享受的。

成功轨迹

1988年，取得西安交通大学计算机科学工程系本科学历。

1991年，取得北京大学计算机科学技术系硕士学位。

1991年~2000年，在北京大学计算机系任教。

1997年~1998年，在美国UIUC计算机科学系做访问学者。

1999年，被评为北京大学副教授。

2000年，加盟百度。

2006年，被任命为百度首席技术官。

2006年，离开百度。

2007年，创立爱帮网，任爱帮网CEO兼总裁。

刘建国印象

文/臧中堂

刘建国和其他技术出身的人一样，有看到自己做的产品被亿万人使用而自豪的情结。这种情结也主导了他的发展历程和人生选择。从北大授课到做天网，从百度CTO到创立爱帮网，这位学者气质的创业家一直在上下求索。

刘建国的新办公室不到20平方米，办公用具极其简单——一对普通沙发、一张桌子、一台电脑，还有一盆滴水观音，背后的墙壁上挂着一幅匾，书写着“鹏程万里”。除此之外再无其他装饰。

可能是新搬进来的原因，他的办公室内竟然没有饮水机。我们到的时候，刘建国请行政人员给我们倒水，自己也亲自去张罗为我们搬椅子、端茶水。他的热情让跟我去采访的同事很吃惊：“这不像一个企业的CEO啊！没有一点架子！”

没错，这位一点架子都没有的文弱男人曾是百度的第一位员工和首席技术官，也是中国第一代搜索引擎北大天网的创始人，现在爱帮网的创始人、CEO。

■ 从天网开始

当我们今天在谈论百度有多牛的时候，不能忘记作为中国最早的搜索引擎网站之一的北大天网。谈起天网，不能不从刘建国说起。

刘建国，陕西人，1988年毕业于西安交通大学计算机科学工程系；1991年获北京大学计算机科学技术系计算机网络和分布式系统方向硕士学位，并留校任教。同年，

■ 路漫漫其修远兮，吾将上下而求索。

李彦宏也从北京大学信息管理学院本科毕业，开始到美国布法罗纽约州立大学学习计算机技术。虽然两人系出同门但此时并不认识。

1995年，刘建国就开始研究搜索引擎，应该是中国研究搜索技术的先驱之一。后来，他依靠自己的研究做出了天网。

在刘建国看来，当时的天网只是他们研究搜索技术的一个实验性产品。环境其实是很简陋的，就一台服务器、一台PC，抓网页，然后建索引，提供搜索服务，但它比较实用，是当时国内最好的、真正意义上的一个搜索引擎。

这个网站对刘建国来说意义非同寻常，它寄托着这位学院派教授对搜索技术的情感和钟爱，也是其将技术服务人们生活的情结体现，更是他走出大学从一名教授蜕变成一个创业家的肇始点。

1999年，李彦宏和徐勇带着风险投资回国创业，他们最先找到的就是刘建国，而双方的介绍人就是天网——李彦宏通过刘建国留在天网上的邮箱，找到了这位后来给了百度骨架的人。

如果当时没有百度，刘建国“让搜索服务于人们生活”的梦想能否实现？他的技术才能能否放大？

其实在做天网后期，刘建国一直想着做一家商业化的搜索引擎公司，想将天网做大。尤其是在他1997年到1998年出国做访问学者回国之后，这种想法更加强烈。

“回国之后，我想把天网商业化，想去看有没有资金支持，也有创业的想法。当时接触了很多国内的上市公司，但是他们都想着圈钱，再加上当时正是互联网泡沫泛滥的时候，并没有人真正看好搜索这个方向。所以因为各种原因，都没有谈成。”显然，当时的融资环境没有能带给他好运。

不但如此，天网的机制也成了刘建国创业的羁绊。

“天网当时的机制，整个资金和技术的投入、运作完全不是公司化的方式。”天网隶属中国教育科研网，管理权属于北京大学，这种机制也成了刘建国创业的障碍。

因此，当时他想把搜索引擎真正做成一个有影响力的、能改变人们生活的梦想在天网无法实现。从这个意义上说，他受李彦宏之邀加盟百度就水到渠成了，也可以说是百度给了他实现梦想的平台。

■ 离开百度

回顾在百度的7年，刘建国称，自己经历了一个公司从无到有的创业过程，经历了企业的上市，领导了百度技术团队的创立，也参与了百度商业模式的探索和公司的转型。这对他来说，都是非常宝贵的经验和财富。

值得提及的是，像很多今天成功的公司一样，百度最早的商业模式并非今

■ 位于北京市海淀区的百度大楼。

天这样，早期的百度也是一个不知道何去何从并迷失过方向的公司。

百度最早学习Inktomi公司（2003年被雅虎收购），主做的业务是向几家门户网站提供搜索技术和搜索数据库服务，但当时的门户网站自身难保，很难向他们收费，这个市场并不好做。尤其在2000年互联网泡沫破灭时，这种模式更难以为继。

“技术不错，垄断了当时80%的搜索市场，但不赚钱。”这是早期百度面临的很尴尬的情况，也是百度最困难的时期。当时刘建国和李彦宏等团队核心成员以及投资人都非常着急。

2001年，刘建国等人看到GoTo（后来改名Overture并被雅虎收购）创立的竞价排名模式，眼睛一亮，包括李彦宏、徐勇等团队核心成员都认为这才是百度应该发展的方向。2001年9月，百度开始提供商业搜索服务，走上了现在的竞价排名之路。

“我们当时的想法就很一致，觉得这就是适合百度唯一的模式。所以在2001年的时候，我们就自己走到前台来做搜索，然后走竞价排名的模式，后来一下就起来了。”刘建国回忆道。

应该说刘建国离开百度是必然的，他从骨子里要做自己的公司。百度显然不是他的，他也不可能在百度终结自己的职业生涯，尽管他贵为百度的首席技术官（CTO）。

北京时间2005年8月5日晚，百度登陆纳斯达克，对很多百度人来说，这是个值得狂欢庆祝的夜晚。很多人成了百万富翁和千万富翁，从此开始了

■ 爱帮网logo。

新的生活，可以购买豪宅和名车。

对刘建国来说，这也是开始。他的使命已基本完成，差不多该开始自己新的征程了。“当百度上市之后，整个公司的品牌很强，团队很成熟，所以我感觉到挑战不是很大。对我个人来讲，突然觉得很多事情都可以平铺直叙地发展。”刘建国开始不满自己的状态了。2006年底，刘建国正式离开百度。

爱帮求索

我们问刘建国怎么看待自己从百度出来所带的光环对他创立爱帮网的帮助，他的回答很简单——“归零”。

刘建国认为，百度给他的另外一个好处，就是圈子里的人都比较熟。

正如前文所述，创立爱帮网是刘建国这位学者型专家想通过努力用自己的技术为更多的人提供服务的情结使然。

现在，爱帮网致力于做一家最方便大家生活需要的搜索公司。

由于对刘建国和其团队的看好，公司一成立就获得了美国硅谷三大风险投资公司之一的Matrix Partners（经纬创投）的投资。这家风投在中国的主管合伙人，是前易趣网创始人邵亦波和少壮派投资人张颖。

谈起创业经验和自己面临的挑战，刘建国给出的箴言是，创业要能坚持，尤其是看到经过千辛万苦做出的产品被大家使用时，那种成就感是创业

我爱生活，我爱逛。

激情的催化剂。他认为，创业家要能将激情传递给整个创业团队，这样公司才能高效运转，更快发展。

刘建国承认自己是一个非常追求完美的人，因此，“对很多事情，包括人，包括好多东西，可能有点儿过于追求完美，对自己要求也是太高”。

另外，他对自己的评价是，“比较稳重，偏内向，不是那种特外向，特自来熟的人。可能有时候逻辑性太强”。这些性格特点是做技术出身的人的共性。

我们很想与刘建国探讨的一个问题是，做技术出身的人怎么做一个好的创业家，全面管理一个公司的技术、战略和经营；他所面临的挑战是什么。

这位每天工作10个小时以上的中年男人的回答是，“我们一直都在解决问题”。

他借中国最伟大的浪漫主义诗人屈原的代表作《离骚》中的名句“路漫漫其修远兮，吾将上下而求索”来抒发自己对真知的坚定追求，他如今也正在自己的事业道路上不断求索。

访谈实录

访谈嘉宾：爱帮网首席执行官 刘建国

访谈主题：先搜索 后生活

访谈主持人：臧中堂

访谈时间：2010年10月

访谈地点：北京 爱帮网总部

■ 百度第一员工归零创业

腾讯财经：各位网友，大家下午好，非常高兴各位来到腾讯财经的《商业人生》。今天我们来到了爱帮网CEO刘建国刘总的办公室，本期我们将与他聊一下他的创业故事和创业人生。首先请刘总和各位网友打声招呼。

刘建国：Hi，腾讯的网友们，大家好。

腾讯财经：我们非常高兴能够请到刘总做客《商业人生》。今天想请刘总与我们广大的创业者做一个分享。首先请问刘总，您当初在百度做到CTO，应该说您的创业是非常成功的，是什么样的想法促使您自己出来创办爱帮网？

刘建国：其实我是百度的第一个员工。百度在第一天成立的时候，我就加入了，在百度大概待了7年的时间。其间我见证了一家创业公司从零开始到最后上市，再到成为非常有影响力的公司的全过程。

公司上市之后，整个公司的品牌很强，团队很成熟。对我个人来讲，我感觉挑战不是很大，觉得很多事情都可以平铺直叙地开展，也不会出现什么大的问题；即使出现问题也在之前的7年时间当中碰到过了，都会有一些人去处理。我不太满意自己的状态，这是一个原因。

第二，当时我观察了互联网的很多产品和服务，然后觉得互联网对人的工作、娱乐生活的帮助很大，但是对人的日常生活的帮助并不是很大，尤其是在中国。中国人在日常生活当中，比如消费的时候，会碰到很多问题，包括信息的问题，服务质量的问题……互联网恰恰又显得爱莫能助。我当时就在想，能不能自己做一个什么东西，从生活和消费的角度帮助大家，所以就产生了做爱帮网的想法。

百度CEO李彦宏曾经向全体员工发过这样一封邮件："百度首席技术官刘建国因个人原因，已向公司递交辞呈……尽管建国即将离职，但他将生命中非常宝贵的一段时光留给了百度，他不仅在技术上为百度作出了重要的贡献，同时，他的管理能力和行为方式也影响了整个百度公司，这是他留给百度的最为宝贵的财富。我谨代表百度公司全体员工，再次对建国表示衷心的感谢与祝福。"这是刘建国2006年离开百度时，李彦宏的真实感受。那时，刘建国已是百度首席技术官，拥有"百度终身荣誉员工"称号，被尊称为百度公司的"第一员工"。

腾讯财经：然后就出来做了专注于生活搜索服务的爱帮网？

刘建国：对。

腾讯财经：从百度出来之后，可以说您是披着很多光环的，您怎么看之前的成功给您带来的好处？

刘建国：其实我在创业的过程当中，倒并没有觉得自己原来是百度的CTO，我的心态一直是一个创业者的心态。既然要创业了，你就要将一切归零。归零，那你就和其他的创业者、草根等没有什么区别了。只不过你有很多的经历，在吸引投资方面，多了一份可信性。

另外，原来在百度待过，所以有很多人脉，很多朋友之间互相帮助的情况也会多一些。

腾讯财经：这方面还是有一定的优势。

刘建国：对。

■ 北大副教授的“搜索”梦想

腾讯财经：我们知道刘总早年曾在北大做副教授，然后才到北大天网。

刘建国：对。

腾讯财经：当时北大天网是一个非常好用的搜索网站，能不能跟我们讲一讲在北大天网的事？

刘建国：我是1991年在北大留校任教的。我们是从1995年开始研究搜索引擎的，当时几乎是中国最早的一批。我们对搜索这种技术和产品，尤其是技术方面作了很多研究，做了一个比较实用的系统——北大天网，当时隶属中国教育科研网。当时的环境其实也是很简陋的，就一台服务器，一台PC，抓网页，然后建索引，提供服务。不过以它的水平，在国内是最好的，也是真正意义上的一个搜索引擎。

腾讯财经：那后来李彦宏怎么找到您的？

刘建国：当时我是天网的站长，所以我的Email在网页上留着，李彦宏来创业的时候，他就直接顺着这条线找到了我。后来大家就聊了聊，感觉很多想法是很一致的。

腾讯财经：您当时做得不错，出来创业需要下很大的决心。当时心里怎么想的？有没有一些斗争？家人有没有一些反对的声音？

刘建国：有，这个反对的声音实际上是很大的。我当时在北大已经是副教授了，而且是研究室的副主任。在常人看来，走到这一步已经很不容易了。

腾讯财经：这已经是一个比较成功的职业了。

刘建国：对，我在中国最好的大学里面当一个副教授，有很高的社会地位，而且是金饭碗。大家想我怎么能够舍弃这样一个饭碗，去加入一个名不见经传的公司呢？很多人不理解，包括我爸妈，都觉得风险太大了。

我当时有几个主要的想法：第一，搜索这个东西我非常看好。因为互联网越来越繁荣，互联网上面的信息会越来越多，信息越来越多的时候，实际上用户找信息就会存在问题，那怎么办？搜索引擎是解决问题最好的方式。我认为对用户来讲，搜索引擎的价值是非常大的，而且它是非常高效的，获得信息是很便捷的。我认为有价值的东西是一定会有前途的，这是我当时的一个朴素的想法。

第二，我当时也在北大待了9年的时间，做的都是学术界的东西。其实做“天网”的时候，我们就有很多想法，想把它的规模做大，但是天网的机制和运作，完全不是公司的运作方式。把搜索真正做成一个有影响力的、能够改变人们生活的、给大家提供方便的东西，这对于很多技术人员其实是一个梦想——做有用的东西，能够被千百万人、亿万人使用。

腾讯财经：当时家人反对，到最后还是理解支持您了？

刘建国：对，最后他们还是相信了我的判断，支持我了。后来我在百度发展得还不错，当然运气也比较好，自己比较幸运。大家都成功之后，最后再反过来看，觉得自己当时还是对的，还是有眼光、有想法的。

腾讯财经：当时李彦宏是怎么样来说服您的？除了您自己对搜索的兴趣和爱好，为什么李彦宏会选择您，而没有选择跟其他人去干呢？这中间有没有一些别的因素呢？

刘建国：当时还真没有什么特别的东西。其实我原来在北大的时候也去美国待过一年，做访问学者，回国之后也有创业的想法。我想把天网商业化，为了获得资金支持接触了很多国内的上市公司，但是国内上市公司都想圈钱，因为那时正是互联网泡沫泛滥的时候，并没有人真正看好这个方向。所以因为各种原因，都没有谈成。

当时李彦宏他们也带着资金回来，而且大家想法都一致，那就直接做。因为他思维快，又有资金；我的技术很强；徐勇做销售很不错。我想应该抓住这个机会。

■ 搜索是一个资本的游戏

腾讯财经：很多网友说要问刘总一个问题，我代表网友问一下，如果现在回过头来让您对百度的搜索、搜狐的搜索以及我们腾讯的搜索提一些建议，您会给出什么样的建议？

刘建国：这不太好说，我是觉得整个搜索中体验还是最重要的。

作为百度前CTO，刘建国对互联网技术的执著非比寻常，在他眼中，爱帮网要实现技术的创新和深化。为了给用户提供更实用、更贴近生活的搜索服务，爱帮专注于微观生活，开发出了开创性的MST专利技术，从全新的角度来定义生活搜索。传统的搜索技术以网页为单位进行处理；MST（Micro Search Technology）基于对生活的深刻理解，将生活分解为具有地域、需求、质量、价格等多维度信息和互动特征的细微单元，以此出发来抓取、识别并提取互联网上与生活相关的信息。在MST技术的基础上，爱帮开发出一系列创新产品和服务，旨在为用户提供精准而丰富的生活信息和经验。

腾讯财经：体验？

刘建国：体验还是最重要的。你怎么帮助用户更快地找到他想要的信息，这个还是一个根本。

腾讯财经：就是说现在的网站谈商业模式，商业化的东西太多了，把用户的实用信息忽略了，或者说没有直接给用户提供侧重于体验的服务？

刘建国：其实大家在这一方面有很多误解，我在百度的时候也跟一些朋友解释，网民所看到的商业化的东西是很少的，一般的网民几乎是碰不到的。你所碰到的确实有一点儿商业化的东西，但是比如说你查资料的时候，有80%的可能你是碰不到这些的。我觉得商业化的东西是次要的，而且大家的观念现在也在进步，说要尽量把商业和这个分开，这个方向肯定是对的。

搜索这个游戏，我觉得还是得看重用户体验。简单地说，就是你能不能找到

THE LION KING
THE LION KING
TARZAN
BORN IN THE GLAMOROUS USA
Virgin mobile
asics
WATCHING OTHERS PASS YOU
SAMSUNG
swatch

■ 爱帮，只为“自由生活”。

大家想要的。如果说这方面有倒退，别人就会有机会；如果真的专注它，然后把技术问题、产品问题等很多问题都解决了，从用户体验这方面来看，结果就会好很多。

当然，现在的竞争是比较综合的，比如说现在大家对搜索引擎的区分度可能并不是很高，这时候可能品牌就起了决定性的作用。他可能第一时间就想到了百度，那他就用了百度。即使大家都差不多，他可能也不用你的。这点要慢慢来，可能也要有点儿差异化，你要有一些别人不能提供的独特的东西，你要慢慢转化用户的习惯，那还是有可能的。

腾讯财经：您觉得搜索市场现在还有机会吗？市场格局已经定了吗？

刘建国：有机会，机会不是很大。

腾讯财经：也就是大公司之间的竞争，小的公司可能很难起来？

刘建国：对，大公司之间的竞争。现在搞搜索，它是一个资本的游戏。你现在要想有一定的用户体验，比如说一百亿以上的网页，那一百亿以上的网页，你要投资多少钱？多少人？这不是一般小公司能做到的。

腾讯财经：所以是一个基础的问题。

刘建国：对，基础的问题。

■ 转型CEO一直在解决问题

腾讯财经：刘总，现在您创办爱帮网，全面负责公司的技术、经营和战略，之前在百度您只负责技术，这是不一样的。您对这个角色的转换最大的感受是什么？您怎么解决这些转换中的矛盾？

刘建国：我觉得这两者的不同之处是，CTO可能是单点的，CEO更全面，方方面面很多的东西，你都得要综合考虑，不能有一个短板。不只是要考虑产品、技术，你还要考虑商业模式、销售、市场、融资、人力资源。公司的节奏怎么去把握？当时的市场情况是怎么样的？我们在这种情况下，应该采取什么样的战略去发展？这些东西都需要分析，挑战还是很大的。创业是一件挺辛苦的事，可能比我原来想象的还要辛苦。

腾讯财经：这中间也遇到过不少的困难，您跟我们分享一下解决的过程。

刘建国：现在也不好说，虽然有的困难已经解决了，但我们毕竟还在路上。我觉得作为一个创业公司，有时确实挺难的，尤其是你在做一件别人从来没有做过的事情的时候，可能有时候有点茫然。你到底应该走一条什么样的路？怎样去教育用户？怎样培养用户的习惯？我们所能做的就是不断去适应，比如分析用户的需求，然后用正确的产品策略去满足他，再去想一些办法让用户知道产品信息，让他慢慢地去尝试，这条路还是挺漫长的。

"自由生活"是刘建国所坚守的爱帮网的价值观。生活应该由每个人去创造的。具体创造成什么样的形式，取决于每个人的个性。每个人都可以树立其独特而有价值的生活观，从而创造出属于自己的有意义的生活——这是生活的自由和骄傲所在。然而，现实生活中大多数人都陷在繁琐、疲累的泥潭里，这让人们失去了创造生活的机会。因此，爱帮要为人们搭建一个全方位的生活信息平台，打破繁琐生活和疲累的制约，让每个人都可以自由自在地确立自己的生活态度，自由自在地创造自己的生活。

腾讯财经：所以这个问题是一直在解决？

刘建国：对，一直在解决。比如说最近百度说要进入生活服务的领域，我觉得这也是一件挺好的事。大家一起来培育市场。不仅是用户，而且有商家，大家都来体验，大家一块儿去做市场，就好多了。一个人、一个公司去培养市场还是很累的。

腾讯财经：这个市场上第一个吃螃蟹的人永远是需要勇气的，并且还要坚持。

刘建国：对，要坚持。

腾讯财经：您还是非常看好这一块市场的？

刘建国：是的，我非常看好。因为有几个因素：一个就是中国有13亿的人口，其中有4亿网民，7亿手机用户。每个人都要过日子，都要过生活，都要衣食住行、吃喝玩乐。现在网络对这方面的问题解决得仍然不是很好。

另外一方面就是生活服务类的企业有很多。中国至少有3000万生活服务类的企业，这些企业也有推广的需求，现在市场上的媒体推广或者其他营销推广的手段都不适合它们。我觉得我们现在所做的就是在消费者和本地生活服务商家中间架一座桥梁。两头的市场都是巨大的，中间的价值就会很大。所以我认为生活服务搜索的前景是非常广阔的，可能是完全空白的一个市场。

■ 一生搜索，要做一件有意义的事情

腾讯财经：我们回到一个相对轻松的话题上，聊聊生活。您刚才说了创业是比较辛苦的，您平时的业余生活是怎么样安排的？也是陪家人玩一玩，或者是有其他放松的方式吗？

刘建国：对，也有。有时锻炼锻炼身体，陪陪小孩，陪陪家人。

腾讯财经：是在时间允许的情况下尽可能多地安排吗？

刘建国：一般也就是周末。平常没时间，早出晚归，还是挺忙的，就是周末或者整个假期才这样。

腾讯财经：现在您每天的工作时间大概是多少小时？

刘建国：我现在每天至少要工作10个小时。

腾讯财经：您从百度出来的时候，应该说自己积累的财富已经非常多了。对您来说，财富已经不是什么问题了，那么您怎么样看待“财富”这个问题？

刘建国：有财富当然很好，但是不能只有财富。我觉得人生一世还是要做点什么有意义、有价值的事情，如果你做一件事，能够给别人提供方便，给别人提供价值，这个时候你会有更大的成就感。这种成就感比单纯的一夜暴富感觉可能更深刻，层次可能也要更深一点。尤其是在你经过了千辛万苦，经过了探索，从无到有慢慢地成功了。我觉得这整个过程是非常享受的。

腾讯财经：我们知道现在互联网掀起的大潮里其实有好多草根创业者，他们

不像您经过第二次创业，有过这样的经历。如果让您给这些创业者一些忠告或者建议，您会跟他们说些什么？

刘建国：我觉得首先是要相信自己所做的东西的价值。只要你认为是有价值的，而且经过各种各样的考虑后确认这一点，应该是能够成功的。坚持是创业者必备的品质。

另外，在坚持的同时，也需要动作敏捷。比如说你要深入体察网民的心理，你要审时度势。要有一种开放的心态，看看有什么新的东西，然后能很快把它抓住，就像百度当年做竞价排名。如果没有那种心态，就抓不住机会。比如爱帮第一时间出来做团购。我们觉得团购模式非常适合我们来做，而且符合我们的使命，符合我们的愿景。这个时候动作就要很快，很快速地去反应，你下手不能太慢了，太慢的话，有时会损失一些机会。

腾讯财经：开放的心态，然后一定要灵活。

刘建国：对，要敏感。如果有足够高的敏感度，就能抓住很多的机会。

有次刘建国去西安出差，到一个叫长安壹号的菜馆吃饭。当时他叫了出租车，但出租车司机竟然不知道餐馆的位置。后来他就用爱帮的手机客户端软件（爱帮爱逛）找，上面有电话、地址、地图位置和驾乘路线，出租车司机照着爱帮上的信息走，最后顺利找到了目的地。这件事对刘建国的触动很大。爱帮网的负责人在遇到麻烦时，都没有想到“生活搜索引擎”，那一般的网民就更想不到了。这表明爱帮网的市场教育还不到位，需要大力开拓市场；另一方面“为生活提供便利”就是爱帮网要解决的问题，爱帮网的产品还不是很完善，要给网民提供一站式的服务，而不仅仅是一个搜索。这是刘建国的求索，也是爱帮网下一步的发展方向。

■ 创业家要将激情传递给每个员工

腾讯财经：爱帮网从创业、成长到现在这样一个成长的过程里，人员也在逐渐增多，虽然不是非常快地、爆发性地增长，但是仍然有管理的问题。您怎么看

待各个公司的管理？尤其对创业型公司的管理，您有什么样的体会？

刘建国：创业型公司的管理，我觉得确实挺难的。

腾讯财经：为什么难？

刘建国：创业公司对人才的需求就是这个人的综合素质很高，要激情四射的。因为你在做一件有不确定性的事情，要是没有这个激情，按部就班地去做，实际上你的创业公司是没有机会的。你的资源不够，投入不够，激情不够，能力也不够，那你凭什么能取得突破，能够突出重围？

一方面创业公司对人的要求非常高；另外一方面它对一些人才可能不能够提供那么多的福利待遇，只能提供一个舞台和一个很好的愿景以及一个美好的未来。这就需要能够认识到它的价值的人，大家一块儿做一个创业团队，然后一块儿投入其中，热火朝天地把它做出来。这个就是比较难的。

腾讯财经：也就是说把创始人的这种激情、热情、执著和坚持等精神传递给公司和整个团队，这个是非常难的。爱帮网在这方面是怎么做的？

刘建国：对，非常难。我觉得这种创业激情确实是挺可贵的。但是要让这种激情保持下去，公司还是要不断有一些成绩，不断有一些进展，这样大家会感觉到努力可能是有结果的。我觉得很重要。如果时间很长，也没有结果，大家这个劲儿可能就会有所松懈。所以怎么样树立一个阶段性的目标，然后达到，再一步一步往下走，这是很重要的。

腾讯财经：刘总，我问最后一个问题：您怎样评价您自己的性格呢？

刘建国：我可能是一个比较稳重的、偏内向的人。不是那种特外向、特自来熟的人，可能有时候逻辑性太强。

腾讯财经：做技术的？

刘建国：对。另外可能有时比较追求完美。对很多事情，很多人，可能有点过于追求完美，对自己也是要求太高。

腾讯财经：您觉得在爱帮网的创业过程中，自己有没有一些改变，有没有做

一些调整来适应这个工作？

刘建国：有，肯定有。因为很多时候是要和团队在一块儿的，所以还是要试图去做团队的灵魂；要调动大家的积极性，就得和大家打成一片。因为我这人不愿意忽悠，不是那种煽动性很强的人，但是也要跟大家描绘我们的前景是怎么样的。在前景不明的时候，有时候要鼓舞大家，这是很重要的。我的性格在这方面还是改了一些。

腾讯财经：好的，感谢刘总，我们的节目就录制到这里，也感谢各位网友的收看，谢谢大家。

刘建国：好，谢谢，谢谢大家。

刘建国:http://t.qq.com/liujianguo

编辑手记——不安分的学者创业家刘建国

文/曾涛涛

在采访结束后，我问刘建国，二次创业他是放弃稳定的工作从零开始，是如何说服他家人的。他说他只跟他妻子说了一句话：“如果到我80岁的时候，我因为错过这次机会而后悔终生，你能承担得起吗？”

我心中顿时生出强烈的共鸣感。这句话真是够狠呀。因为我在做决定的时候，也会以这个标准来判定什么该做什么不该做。

刘建国给人的感觉不像一个企业家，更像一个文质彬彬的学者，严谨，谦虚，稍内向。在采访的过程中，有些问题他会认真地思考半分钟或者一分钟才回答，要是直播的话，这半分钟一分钟对主持人来说，该是多么难熬的尴尬。

他的办公室在20楼，不大，不到20平方米，有一整面的落地玻璃，阳光能照耀半个办公室。一张办公桌，一对会客沙发，一棵树，一个书柜，就是全部的办公摆设。办公桌也同样干净利落，除了电脑、文件夹、日历、记事本，便无他物。这一切，让我深深地感慨，太简洁，太干净了。要知道，他可是一个身家上亿的老板！我想，把他往人群里一扔，谁也不会知道他是一个亿万富豪吧。

虽然一切看似简单，但他给人的感觉够坚韧，够自信。1995年他开始做搜索的时候，国内对互联网的认识还是一片空白；2000年他放弃北大教授的职位加盟一个名不见经传的搜索公司，10年后这个公司建立了中国最大的搜索网站。我想，这不是靠“运气”两个字能够解释的。

他告诉我，他其实更喜欢创业的感觉，不喜欢每天平庸地按时上班下班，我想这就是流淌在他身上的那种不安分的血液在起作用，收获或者付出代价，都是他的选择。对这种精神，我没有理由不佩服，我由衷祝愿他在职业生涯中的第二个“孩子”，也能茁壮成长。

东方现代产业投资管理有限公司总裁 阚治东

证券教父阚治东

- 把事业做成功了就是幸福。北大荒留给我的不仅仅是悲惨的回忆，还有很多美好的故事。我在那里付出很多也学到很多。
- 为什么那么多人倒下了就站不起来？把一些东西看淡了就没有问题了。
- 事情到了一定要有人承担责任的时候，不是我就是他，不是他就是另外一个他，必须要有人承担责任。

成 功 轨 迹

1969年，初中毕业，到黑龙江省黑河市的逊克县插队。

1979年，进入上海人民银行工作，后入职上海工商银行。

1987年～1988年，受团中央选派，赴日本进修现代金融证券业务。

1988年，回国担任上海工行信托投资公司副总经理，分管证券、投资，其辖下的静安业务部成为全国最大的国库券交易市场。

1990年，转任刚刚成立的申银证券公司总经理。

1996年，申银万国投入巨资炒作上海本地股陆家嘴，使陆家嘴股价一路飙升。

1999年，复出担任深圳市创新科技投资有限公司副董事长兼总经理、深圳市创业投资同业公会会长。

2002年，担任南方证券总裁。

2003年，辞去公司董事、常务董事职务。

2007年，被控以“操纵证券交易价格罪”，而后收到深圳市罗湖区检察院送达的不起诉决定书。

2007年，昔日资本猛人阚治东再次高调复出。

阚治东印象

文/刘雁

“证券教父”“上海滩证券三猛人”——初见这些字眼时，你无法将它们与眼前这位温文尔雅的上海男人联想起来。

他戴着一副无框眼镜，风尘仆仆地赶到节目录制现场，半旧的皮鞋上似乎还有尘埃。

他说，不习惯别人称他“教父”“猛人”，自己只是证券市场的一个“老人”。

证券市场的“老人”很多，但跌倒了再站起来的却并不多见，而几次跌倒最后仍旧笑着的更是罕见——阚治东便是其中之一。

“旗帜性人物也好，过客也好，俱已成为往事，但至少我们走过的弯路，可以为现在证券市场的发展提供借鉴；我们的成功之处，也可以为现在的年轻人提供一些参考。”对于老证券人，阚治东如此评价。

他说，老一代证券人没有任何利益可图，图点虚名倒是有可能。当时他们定了规矩，如果员工能拿一两百块，他们最多比普通员工多几十块钱而已。

去年冬天，他以一本名为《荣辱二十年：我的故事人生》的著作再次成为镁光灯下的焦点。股市起落，恰如人生，他的人生又如股市一般起起落落好几回。然而无论在何种阶段，阚治东所表现出的“担当”与“侠义”，都令人折服。

“关键时刻敢于担当，这才是真的义士。”这话语里多少有些悲情的味道，但在阚治东嘴里，这一切似乎都很平淡。上山下乡、留学日本、股市生涯、回归创投……虽然依旧怀念在资本市场叱咤风云的岁月，但如今最重要的是冷静思考与继续前行。

■ 下乡的青春岁月

■ 下乡时期，右一为阚治东。

中学毕业后，阚治东背着家人报名去北大荒上山下乡。在那高寒地带浩渺荒原之中的一个屯子里，他整整生活了9年。

“那段人生经历不能忘怀，虽然那段日子相比现在艰苦许多，但它无疑是人生的一种财富！”阚治东在微博里写道。

阚治东说，当年一起在黑龙江插队的同伴，经常举办各种聚会。大家在一起似乎都忘了当年的辛苦，谈的都是美好的回忆。很多从北大荒回来的人没有因为在那里花了十年八年的时间而感到后悔。

回城后阚治东去日本研修证券业，这一段经历被他戏称为“洋插队”。在此之前，他肯定没有想到，自己以后会进入证券这一高危行业，也没有想到中国的证券业会发展到如今的规模。

■ 南京东路99号的申银证券公司。

■ 沪深之争，为一批人担当

从第一家证券营业厅做起，阚治东在中国证券发展史上创造了无数个第一：第一个股票指数，主承销第一只A股，发行第一张金融债券……

20世纪90年代，阚治东担任申银证券的总裁。与此同时，早期的资本市场也在不断地暴露一些问题，阚治东便见证了“327国债期货事件”的发生，他的好友尉文渊和管金生的命运也因此而发生了戏剧性的改变，而阚治东则由于当天在香港出差而得以幸免。

此后，申银万国合并，阚治东掌管两大巨

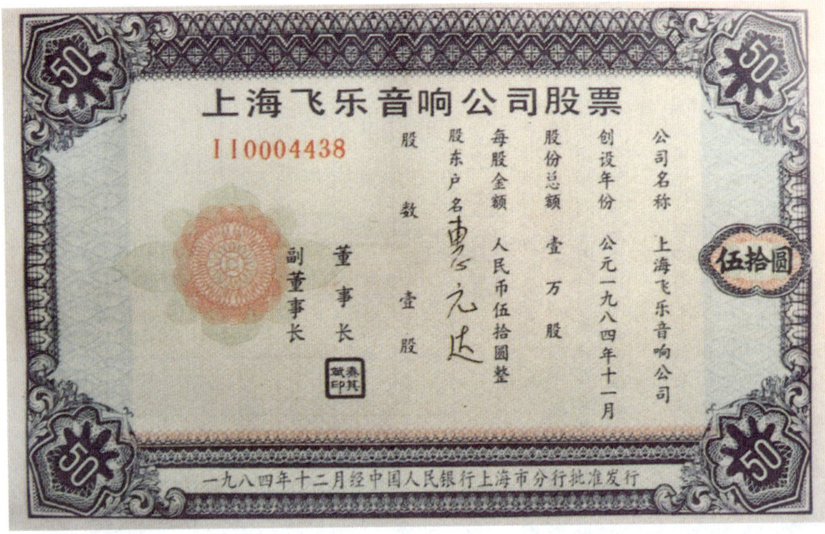

■ 早期发行的股票。

头，成为上海证券界头号人物。

1996年，上海与深圳为了争夺中国证券市场的老大地位，亮出了各自的拳头。上海方面，申银万国自然不能置身事外。最终阚治东因“负领导责任”，于1997年6月辞去申万所有职务，并被罚以5年市场禁入。

事实上，阚治东当年可以选择不站出来承担责任，毕竟事发时他人在加拿大，很多决策并非出自他口，但时至今日，阚治东对沪深之争中自己的选择并无悔意。“事情到了一定要有人承担责任的时候，不是我就是他，不是他就是另外一个‘他’，必须要有人承担责任。如果我来承担就是我一个人来承担，如果其他人承担就是一批人来承担。”

■ 险象环生的证券生涯

也许阚治东当时还有些委屈，但经历过此后的南方证券倒闭后，他才知道前方的路途更加险恶。

有人说他在一条河里淹死两次，但他坦承，当初进南方证券的时候并没有想到那么多，只是服从领导安排，并没有什么戒备心理，也没有什么防御措施。

“我当时是深圳市委管的组织干部，市委组织部门反复委派，我有什么理由拒

■ 上交所成立之日：阚治东与管金生、汤仁荣等理事在一起。

绝？而且明确告诉我这是深圳市委市政府和中国证监会领导商议的结果。”就这样，阚治东没问具体情况，便接手了南方证券这个烂摊子。

南方证券的水的确太深了，在南方证券的日子也是沉重的，阚治东在书中写道：“天天有事，天天如坐针毡，一会儿电话来了，说员工在闹事，一会儿又说讨债的把财务部封了，一会儿又说银行把资金掐断了……每天的报告一大堆，份份都很紧急。”

其间，阚治东多次请辞，但每次都被领导好言相劝。最后，他依然没能躲过21天的牢狱之灾，罪名是“操纵哈飞股票”。这一次，他彻底丢掉了官帽子。

对于这莫须有的罪名，阚治东非常愤怒。他直言：“尽管我最早从事股票交易，但是从来没炒过股票。”

■ 回归创投，再创辉煌

2007年，阚治东再次站了起来。当许多证券业创始人相继出局、隐退的时候，阚治东却以创投业为突破口，奇迹般地重新回到资本市场的舞台。

重回创投行业，昔日的证券“猛人”阚治东心里终于释然了。这当然与他当年参与筹备深创投的经历有关，但更多的却是这个行业本身的魅力。他再也不用担心涉嫌操纵股价，再也不用求爷爷告奶奶。用他自己的话说，虽然很辛苦，但生活变得踏实了。

在创投领域，阚治东坚持投资“差一步”企业。两年间，阚治东在上海、河北、安徽等地先后成立了一批创业投资公司，被业界称为“东方系”。在新能源领域，他的企业已经做得风生水起。

现在阚治东很忙碌，几乎每周都出差，奔波于全国各个城市，设基金、看项目、作演讲……如此打拼，他说并不是为了生计，也不是为了重新证明自己，而是为了在最困难时帮过自己的朋友，一圆同他一起创业的同事们“本土创业”的梦想。

■ 往前走，别回头

阚治东感慨，你今天所做的事情，自认为做得很高明，但是10年以后还是会有人认为你做得不够高明，不够妥当。

他说：“人总是慢慢地成长起来，事物也是一样，资本市场也一样，所以只要大家做事时没有恶意就可以了。恶意地去钻所有的空子，我们绝不原谅。如果是善意的，为了市场的发展，犯一点小错误为什么不值得同情呢？”

20多年的时间，在历史长河里只是匆匆一瞬，而对于阚治东来说，却是他人生的近三分之一。中国的证券市场从无到有，从弱到强，阚治东

■坎坷的阚治东，不倒的阚治东。

的命运如股市般起落，这个被人们称为“证券业教父”的上海男人，在一次又一次的抉择中选择了信任与担当，这也意味着自己的利益可能受损。

经历过几起几落，阚治东仍不觉疲惫。“疲惫是人的岁数大了，我的心力还没有疲惫。为什么那么多人倒了就站不起来？主要是心态调整的问题，把一些东西看淡了就没有问题。人总得做一点事，不是岁数大了就得在家里闲着。如果心态调整不好，做什么事情都难以成功。”

有人说，阚治东的人生是中国股市20年沉浮的一个缩影。如今，回首过去的股市人生，他却是那般平静与淡定，仿佛只是在讲述别人的故事。他也许在告诉世人，往前走，别回头。

■ 证券交易所里熙熙攘攘的人群。

访谈实录

访谈嘉宾：东方现代产业投资管理有限公司总裁 阚治东

访谈主题：证券生涯荣辱20年

访谈主持人：刘雁

访谈时间：2010年8月

访谈地点：上海 港汇中心腾讯演播室

腾讯财经：各位腾讯网友大家好，这里是腾讯财经《商业人生》。今天我们很高兴邀请到阚治东先生做客腾讯的访谈间，他被人们称为“中国证券业的教父”，他今天将与我们分享他所经历的荣辱20年。阚总您好！

阚治东：您好。

腾讯财经：您从日本回国后的第一份证券工作，是在上海证券信托公司主管证券业务。那时候的证券营业部是怎么样的状况？

阚治东：1988年，我从日本研修证券业回来。那时候，尽管在上海、深圳都能多多少少感受到证券的影响力，但是在生活中仍有很多人没有感受到它的存在。毕竟它的市场比较弱小，就像静安证券业务部一样，挂牌交易的只有6只股票，而且每天的交易量也没有多少，真正光顾证券所的客户也是相对固定的几个。

后来随着宣传力度的加大，大家就渐渐对证券市场感兴趣了，对证券市场的各个方面有了进一步的了解，特别是证券市场的股票交易。但是人们对这一方面的了解还是很少，当时我也被邀请去讲课，可以说讲的都是基础知识：什么是股票，什么是债券，股票和债券的区别在哪里，什么是股票的一级市场，什么是股票的二级市场，股票二级市场怎么买卖，委托买卖的原则是什么等。

1987年，在工商银行上海分行下属办事处工作的阚治东，作为全国青年联合会第五届研修生被派往日本，在蓝泽证券“洋插队”学习证券知识一年。回国后，曾在北大荒拓荒的阚治东开始了他在证券行业的拓荒之旅。他出任上海信托投资公司副总经理，主管证券和投资业务，成立了中国最早的证券营业部——静安证券业务部。

腾讯财经：当时您在日本见识了非常发达的证券业，回到国内会不会有一种落差感？您当时是抱着一种什么愿望回国的？

阚治东：我看到日本发达的证券市场，看到日本证券市场在国民经济中的地位，看到日本证券市场在日本普通老百姓心中的重要地位，预想到我们的证券市场也必然会走到这一步。因为尽管看到当时国内的证券市场很弱小，但是我还是很有信心地去做。

1995年的“327国债期货事件”改变了三个人的命运：管金生被控“扰乱市场”而身陷牢狱，尉文渊也因监管失察而请辞。而阚治东却因事发之日在内地，自营部经理因为联系不上他而不敢擅自做空，从而使申银证券以及阚治东本人逃过一劫。阚治东坦言自己不敢断言不会卷入此事，但他同时相信即使自己当时在上海，申银证券也不会像万国证券那样陷得那么深。

■ 当年沪深两地竞争金融城市地位，我们一批干部为此付出了代价

腾讯财经：我知道您写了一本书叫《荣辱二十年：我的故事人生》，您的人生也像故事一样起起落落。您人生中的第一个挫折是“陆家嘴事件”吧？

阚治东：其实我不是因为“陆家嘴事件”而陷落的，而是因为当年沪深两地的竞争。

上海最早成立了一个“上交所”，深圳也不服气，后来就搞了一个“深交所”。上交所于1990年12月19号正式开业，深交所没有经过批准，就在11月进行试营业。两个城市的证券市场始终有竞争。

1995年、1996年，证券市场竞争更激烈。因为当时的交易所不像今天的交易所，都是证监会下属的机构，而且分工也不像现在这么细，各方面都有竞争。

证券市场本身就有竞争的关系。交易所也是公司，现在世界各国证券交易所的大趋势就是股份制，很多交易所成为上市公司了，所以应该竞争，竞争才能改善我们各方面的条件。

今天我们在这么多年的实践经验的基础上回过头来看，当年的竞争是有必要的，并没有什么错。我认为目前的证券市场过于稳健，缺乏竞争，人们参与证券市场的热情也不如早期，原因就是缺乏竞争。

1996年7月，申银万国证券挂牌成立，阚治东出任总裁。但不久就发生了“陆家嘴事件”。这起事件发生的大背景是，1996年沪深两地因为金融中心的地位之争，上演了一出席卷一批证券公司和银行的二级市场大战。事后，两地许多金融机构遭到调查，最终阚治东因“负领导责任”于1997年6月离开申银万国证券。时至今日，富国基金董事长陈敏仍为阚治东1997年全面承担责任而惋惜，称其为“悲壮的经历”。

我职业生涯的第一个挫折，是因为受到了1996年、1997年证券市场风波的牵连。当时沪深两地的竞争过热，所以《人民日报》为此发表评论员文章，指出了股市过热的原因。我自己总结是这样的：地方政府组织发动，媒体推波助澜，银行金融机构为交易所提供方便，证券公司扼杀个股。当时还有人说有一些老百姓卖了耕牛，捧着现金到证券公司买股票，如此下去怎么了得？我想肯定有这样极端的例子。

腾讯财经：当时的情况比较复杂？

阚治东：当时，上海方面的目的是想把上海的交易量做大，想把更多的上市公司拉到上海。对我来说，全国是一碗饭，上海是半碗，深圳是半碗。有人认为上交所业绩不行，深强沪弱主要是申银万国不努力。我们的申银万国本部在上海，主要的业务当年也是在上海，实际上我们也相应地为上海证券市场做了一些工作。

腾讯财经：当时指挥的不是您吧，您为什么站出来负这个责任呢？

阚治东：事情到了一定要有人承担责任的时候，不是我就是他，不是他就是另外一个他，必须要有人承担责任。申银万国是有责任的，或许是一个人承担责任，或许是一批人承担责任，不可能都不承担任何责任，要承担的话就还是由我来承担吧。

腾讯财经：不会觉得冤屈吗？

阚治东：自己承担了不会觉得冤屈。

2002年6月，阚治东临危受命，应深圳市政府邀请出任濒临破产的南方证券的总裁，却于2003年12月初辞职。阚治东的第二次出局经历要比第一次出局坎坷得多，4年中一直身陷“涉嫌操纵股票价格”的旋涡，并为此入狱21天，最终以检方不再起诉而了结。

■为什么要去南方证券

腾讯财经：既然“陆家嘴事件”也让您学到了很多东西，后来为什么还会接手快要到倒闭的南方证券公司？

阚治东：这两起是不同的事件。“陆家嘴事件”中，我们参与上海和深圳之间的经营市场之争，最后我们负领导责任。我本人没有把它看得过重，也没有感觉到委屈，只不过是从一个岗位调到另外一个岗位而已。

后来的南方证券事件，我也没有多想。作为干部，我们要坚决服从组织安排。南方证券需要我们去，我们就去。

有一些人问我为什么去，其实就是这个原因，很简单。比如今天我派一个人去北京，如果他说要考虑考虑，我听了会不高兴。同样的道理，干部就是得服从安排，因此当时去了。

后来因为工作不顺心，我一再递交辞职信——这些事都写在我的书里——好不容易才离职。但是我没想到在南方证券的任职经历还是让我付出了一些代价。

腾讯财经：后来还是受到了一些牵连。

阚治东：到今天我都没有搞明白，为什么我受到牵连的原因是在南方证券做过领导。南方证券的问题是我去之前形成的，我付出很多努力去处理这些问题，也可以说我的能力比较弱，这些问题处理得不好。我在那里不是不作为，实际上是我很难有所作为。

对申银万国和南方证券发生的这两件事情我的想法不一样。第一件事情我感觉很坦然，我自己承担了；第二件事情，我还是有想法。

■ 失去自由的21天

腾讯财经：从南方证券离职之后，您有21天的牢狱之灾。对此，您有什么看法呢？

阚治东：因为南方证券事件，我付出了一定的代价。我在申银万国主动把我的官帽子扔了，成为一个平民百姓了，后来没有想到还要受到南方证券集体操作“哈飞股票”事件余波的牵连。

南方证券做哈飞股票，是前任班子做的决策，我去了以后没有发表过与哈飞股票相关的任何言论。因为当时我去的时候，领导给我的指示很明确：南方证券是一个火药桶，你要把它捅破。你不是去查问题的，要查问题我会找专家去，你是去解决问题去的。

我听得很明白：我去了以后不能追究过去的一些问题，不要纠缠过去的问题，我要做的就是帮助南方证券解决问题，所以我没有追究过去的问题。就算追究也不会追究哈飞股票。但是事发以后，他们说我也有责任，我的责任在哪里呢？他们说我曾经说过南方证券这些股票既是问题所在，又是希望所在，这句话的出处在哪里？即使我说过有问题，问题在哪里呢？

后来我自己查了我的会议资料，才找到这句话的出处在一场参加人数很多的会议上，我说过南方证券的自营业务和代客理财业务，从功能上、结构上要逐步做到监管部门规定的范围之内。南方证券有价值100多亿的股票，既是南方证券的

繁华的上海滩

问题所在，也是南方证券的希望所在。

我的意思很明显——这100多亿变成现金流问题就解决了。后来他们感觉拿这句话做文章确实有点儿牵强附会，就说阚治东在南方证券的时候，某年某月某日说哈飞股票卖得最高，一个市值总额最高，一个单子交易最高，我很不解，马上问我的秘书当年给我统计数据的是哪一个部门？他说统计数据是南方证券一个直营部门的小编辑做的。我联系到那个小青年，让他把我在南方证券工作期间的统计数据重新打一遍。结果证明，他和我报的数据一样，和他们的数据不一样。他们的说法就站不住脚了。自始至终我都觉得莫名其妙。幸运的是，我找到了那些资料，如果找不到怎么办呢？这件事也写在我的书里。

2006年，《合伙企业法》施行后不久，作为管理人的合伙企业——东方汇富创业投资管理企业成立，尉文渊任董事长，阚治东任总裁，以此为核心开始全方位布局。目前，东方汇富旗下的投资公司遍布上海、深圳、河北、安徽等地，投资业务全面展开，整体规模已经达到中等水平。

腾讯财经：为什么两次都是以操作股票为名义呢？

阚治东：可能这个名义好用吧。我尽管进入股票行业最早，但是从来没炒过股票。我最反感的事，就是在证券公司今天买进，明天卖出。我在公司是统管部门的人，而自营业务的管理和操作由证券公司自营部门专职负责，非自营业务部门和分支机构不得以任何形式开展自营业务。所以我也不会为自营部门的股票而待在自营部门。在申银万国的时候，我们自营业务部门由自营部管。在南方证券的时候，我召开会议都是研究如何想办法把我们的股票拉上去。我怎么会操纵哈飞呢？

腾讯财经：从另一个方面讲，中国早期的证券市场都有这样的擦边球可以打？

阚治东：有人问过我，那时候的证券市场怎么这么乱呢？怎么低层次的错误也会发生呢？我说任何一件事情都是这样的，你今天所做的事情，你认为做得很高明，但是10年以后，还是会有人认为你做得不够高明，不够妥当。人是慢慢地成长起来的，事物也是一样，资本市场也是一样，只要大家做事时没有恶意就可以了。恶意地去钻所谓的空子，我们也绝不原谅。如果是善意的，为了市场的发展，犯一点小错误为什么不值得原谅呢？

■ 我搞创投就是两个事件逼过来的

腾讯财经：我记得您说过一句话，说我们这一代人不理解你们老一代人，为什么您会这么说呢？

阚治东：原话不是这样的。我从日本回来以后，写了一个专业的研修报告，写了个人的研修总结。在报告中，我阐述了在日本看到的一些东西，也总结了国内的一些状况，其中有一点写到了在日本亲身感受到了年轻人对前人的尊重。

日本的家庭还像过去那样，设有祭祀祖宗的灵牌，吃饭之前给祖宗上点儿水。我们的前人曾这样做，今天还有几个家庭这样做？日本企业会把前任领导供起来，日本所有的年轻人见到年纪大的人，哪怕是学校里比他高一级的学生都称前辈。而我们现在的许多人都是一代否定一代，这种风气大行其道，企业里面有这样的情况，在行业里面也同样有这样的情况。

我谈的这个问题是当时我回国以后，面对国内情况和国外情况的不同所发的一种感叹，我也希望我们在这一方面能够有所改变。俗话说，“前人栽树，后人乘凉。”这是应该的，但是我们乘凉的人也别说风凉话，嫌树叶不够茂盛、遮阳效果不好，这是不对的。

外表随和谦逊的阚治东，实际是那种越挫越勇的人。他当年的部下、高特佳集团董事长蔡达建回忆说：“深圳创投开始组建时，股市低迷，创投缺乏退出渠道，我们这些从证券行业转过来的人都觉得难做，但是看到原来当过证券公司老总的阚治东一直在坚持，我们也就坚持下来了。”

腾讯财经：您怎么看待老一代人的功过呢？

阚治东：功谈不上，但是我们证券市场老一代人对工作非常认真，非常热情。大家非常努力的，不谈一点儿个人利益。今天的高管可以拿几百万的年薪，当时我们定下了规矩：如果员工能拿一百两百，我们最多比他们多几十块钱而已。今天想想当年做证券的老一代人，他们是没有任何利益可图的，图点虚名倒是有可能。

腾讯财经：您在书中写到了这些老人们被迫离开了证券行业，或者是自己离开了这个行业，他们现在在做什么呢？

阚治东：实际上谁都没有离开。我自己在上海搞股权投资，自己还在努力地做。他们也在做一些事，都没有高升，都在努力工作，自己捧自己的饭碗。

2007年9月28日晚，昔日“资本猛人”阚治东再次高调复出。这次阚治东选择了一家名为奥锐万嘉的创投公司。公司主要的投资方向是中小板市场的企业，包括几家现在已经开始接触有色金属类产品和能源类产品的企业。

腾讯财经：您现在的身份是东方汇富和东方现代的老总，您为什么会选择创投行业？是不是和在深圳筹办深创投的经历有关？

阚治东：首先这是我喜欢做的事，我搞创投是两件事逼过来的。一件事是到深圳办深创投，那是我离开申银万国以后，另一件事是我东走西走没有找到自己喜欢的工作，最后走到深圳，才做起创业投资。离开南方证券，它迫使我进一步深入创投领域。我们还是得用辩证法看这两件事，对我来说，它们不完全是坏事，不走到那一步我不会下决心离开体制自己做。

■ 我做任何事不愿求爷爷告奶奶

腾讯财经：您现在做这份工作做得开心吗？

阚治东：很辛苦。应该说做任何事都很辛苦，都不轻松，但是做得很踏实。

腾讯财经：“踏实”是指什么？

阚治东：我做任何事不愿求爷爷告奶奶，但是在南方证券的时候，我做过很多这种事，天天写汇报，向市长汇报，向书记汇报，向证监会领导汇报。今天不用这样做了。

■ 北大荒留给我的不仅仅是悲惨的回忆

腾讯财经：下面聊一些比较轻松的话题。我知道您有一些特别的经历，比如说下乡，您怎样看待那段时光？

阚治东：我们这一代人很多人都有这种经历。绝大多数人都经历过“上山下乡”。插队的地方在黑龙江。当时和我一起插队的，都是十六七岁的年轻人。近些年大家经常在一起举办各种聚会。现在离插队的那个年代都有40多年了，大家聊天的时候都忘了当年的辛苦，谈的更多的是美好的回忆。

所以北大荒留给我们的不仅仅是悲惨的回忆，还有很多美好的故事。我们很多人的人生是从那里开始的，学会与人的交往是从那里开始的，学会与人的竞争也是从那里开始的。我们了解社会、了解中国农村、了解我们的农民，也是从那里开始的。我们在那里付出了很多，也学到了很多，所以很多从北大荒回来的人没有因为在那里花了十年八年的时间感到后悔。

作为中国股市“大时代”的符号人物，他的20年的确是历史风云与个人命运环环相扣、紧密交织的20年，但他不愿意用“变幻”来形容自己20年的生涯。很多人都说，应该把阚治东三起两落的经历拍成电影，但阚治东说，他出自传只想把它作为礼物送给儿子。“相信随着时间的推移，他会有比较深的感受。”

腾讯财经：您有没有想过自己去创办一家实业公司呢？

阚治东：没想过，因为我们会把自己投资的企业当成自己的企业来做，我们管理企业的时候觉得它也是我们的。

腾讯财经：好像您喜欢打高尔夫，是吗？

阚治东：不是很喜欢，在深圳打过，后来就没有打。

腾讯财经：过去20年里您认为做的最成功的是什么？

阚治东：我感觉过去在证券行业做的每件事都很成功。

腾讯财经：没有失败的事吗？

阚治东：在南方证券失败了，在挽救南方证券这件事上我认为不是很成功。

腾讯财经：如果为中国资本市场许一个愿，您会许什么？

阚治东：我希望中国的资本市场成为世界级的。

如果10分满分，我给自己打五六分

腾讯财经：如果满分是10分，您给自己打多少分呢？

阚治东：五六分。

腾讯财经：您最看重什么样的朋友？

阚治东：真诚地想做一番事业的人。

腾讯财经：您认为什么是幸福？

阚治东：把事业做成功就是幸福。

阚治东:http://t.qq.com/kanzhidong

编辑手记——股市人生范本阚治东

文/刘雁

来到我们的演播间，阚治东一如既往地身着西装。我发现他的皮鞋有些磨损，而且有些灰尘。我想，这双鞋子大概陪他走过很多地方。

他戴着一副无框眼镜，透过镜片，我看到了他眼中的血丝。后来他助理告诉我，为了兑现接受我们采访的承诺，阚总凌晨两点才从安徽赶回上海。

我们约好的时间本是前一天，但他临时有事出差，故将采访的时间往后推迟了一天。我的同事说，采访这种教父级的人物，我们当然要有耐心。

但其实，这位“证券教父”并不像我们想象中的那么有架子，他通过助理多次向我们表示歉意。他的助理小胡告诉我，阚总说定的事情一定会做到，极少出现爽约的情况。

在采访结束后，阚治东再次为自己的“爽约”道歉——这多少让我有些感动。对比此前在约访一位企业家时多次被“爽约”的经历，这次我有些受宠若惊的感觉。

访谈开始前，我很礼貌地问：“阚总，您是否有不愿意谈的话题？”他想也没想便说：“您随便问。”

我们从最初的证券市场聊起，第一个营业部、第一只股价指数、上交所的筹备、327国债期货事件……我们聊他人生的起起落落，“陆家嘴事件”、南方证券倒闭……我们也聊到他现在的生活……

说到动情之处，他的情绪会突然激昂起来，时不时地还蹦出一些带着上海口音的词语。他并不忌讳谈自己的“失败”，也不忌讳对时下的证券市场作出批评。

这个地道的上海男人，真不简单。他写了一本书叫《荣辱二十年：我的股市人生》，股市起落，恰如人生。而他的人生，也恰如股市，虽然他自己从不炒股。

访谈进行了将近两个小时还意犹未尽，小胡急了，让工作人员前来提醒。最后，我有些无奈地结束了访谈。

依文企业集团董事长 夏华

依文男装“设计师”夏华

- 对于创业起点，没有最好的时机，只有最好的自己。
- 我一直觉得梦想和行动是两条线。
- 每个人在抉择命运的时候，最难过的都不是什么实际的坎，而是心坎。
- 要放飞自己，在飞行中定位。因为你真的不知道哪里会让你激情无限，哪里会
的风光。

成 功 轨 迹

1991年，毕业于中国政法大学。

1991年，毕业留校任教。

1994年，创立了北京依文服装服饰有限公司，任依文企业集团董事长，中华全国青年联合会委员、中国企业家俱乐部理事、中国服装协会常务理事、北京职业装专业委员会主任。

2008年，为北京奥运会开闭幕式导演组制装。

2009年，承制国庆60周年庆典上10万余人的服装。

夏华印象

文/张沉

只有飞起来后，你才更能看到，还有这么多的美景。

夏华说，她每次给大学生演讲都说实话，建议人要敢于追求梦想，先起飞，然后再定位。说完，她自己也笑了。

■ 要勇于起飞

当年，中国政法大学向教育部申请要变成综合型大学，校长在汇报时说，我们学校也能培养出综合人才，例如夏华就是从我们学校毕业的，现在是十分成功的女企业家。中国政法大学成了综合型大学之后历任校长都会到依文来参观。毕竟，它的主人是这所大学培养的综合型人才。说到这一段，夏华说她感觉挺骄傲。

她是一个敢想敢干的女人。20世纪80年代，这个从辽宁农村走出来的姑娘，考上了中国政法大学，毕业后成功留校任教。即使到此为止，在家乡人的眼里，她也绝对是光宗耀祖级人物，足够其父在父老乡亲面前炫耀半天。

可是，一次夏华带着任务去福建作调研的时候，她的命运改变了。她看到那里的人几乎都在做服装鞋帽生意，很多人一开始都不懂这行，但还是大胆地做，而且发财了。况且这些人还没有她有文化。夏华说她因此得出了两个结论：第一，这个行业不拒绝外行；第二，这个行业充满机会。

不安定，注定不安静。回来后，夏华决定辞掉他父亲极为认可的大学老师的工作——再次起飞。

■ 依文男装。

■ 依文创意工场。

■ 要勇于创新

如今，你走进依文大厦，电梯的地板上一定撒着花瓣。365天，天天换样，绝不重复。会客厅的地毯是从意大利买回来的，足够柔软的长毛地毯。沙发是带着动物真毛的真皮沙发，坐上去感觉很好，也是从国外买回来的。处处很别致，处处是低调的奢华。

夏华说，他们公司很多物件都是员工们自己设计的，例如一进门就能看到天花板上悬着的81根灯柱，代表着公司81个骨干。依文大厦里洋溢着创新的气息。员工都是穿着另类的年轻人，这是一个有想法的团队。

夏华如此喜欢创新，是因为她的第一桶金是创新和大胆突破的结果。

夏华从中国政法大学辞职后，没一下子就去开工厂，而是进入了服装行业的最前沿——销售商。她去西单商场门口坐了3天，数购物出来的顾客们的购物袋，看哪家的购物袋被提出来的最多，来判断哪家生意最好。观察的结果，是她进入那家生意最好的服装柜台卖货了。不到两个月，夏华卖出去的衣服是全楼层最多的。

20世纪90年代的男装西服，色调基本以黑蓝灰为主。爱看报纸杂志的夏华，看到外国人已经开始穿格子面料、色彩更亮丽的西服了。这是一块很大的市场，中国几乎是空白。

夏华的大花格子西服挂出去以后，引起了消费者的注意，但是没有实际效果。为了引导消费，夏华把外国人穿着花格子衣服的画报拍下来，冲洗成大照片，挂在了墙上。当时出现的“海归热”，救了夏华。很多留洋回来的人，到西单看到了夏华的西服，面料和款式与他们在国外见到的基本相同。这些人是敢穿的，他们买回去穿了，成了活广告，于是很多人来买。结果可以想到——火了！一个月下来，夏华就能赚几十万啊！那时还没有银行卡，面对一大堆现金，夏华说自己蒙了。这么多钱，该怎么花啊？

■ 要演好自己的角色

之后，总的看来，夏华的依文可以说是顺风顺水地发展。

对于创业时期遇到的一些小艰难，夏华看得很淡。夏华最难的选择是，1999年她生了女儿后，一边要带女儿（名字也叫依文），一边要做企业。是当好妈妈，还是当好老总？她自己也彷徨过，是否有能力把这两个角色演好。她想了想，认为能。

从西单商场走出来的依文，现在已经有四大品牌系列。如今倒是以黑蓝灰为主，走沉稳成熟路线了。客户以高端人士为主，国内很多知名人士都是依文的老顾客。

女儿依文已经渐渐地长大，能带给她更多欢乐。

有人说，夏华是最了解男人世界的女人。夏华承认，这些年依文走的是情感营销，依文服装的定位是成功人士。这里的情感和成功的定义，很多都源于她父亲对她的影响。

■ 为贵宾定制西服。

依文这些年搞了很多文化活动，例如轰动一时的“俺爹俺娘”系列摄影展，非典时期的“风雨中的美丽”摄影展等。她认为，成功男人的标准不应是财富，而是在家里是了不起的合格的丈夫、父亲。“男人的成功，与金钱和地位没有特别直接的关联”，说白了，成功男人应是演好自己角色的男人。

■ 在飞行中再定位

起飞之后，才能看到更多的风景，在飞行中再定位。

这是夏华对成功的认识。

“做成事业的人一定要把感性和理性结合得特别好。我在判断事情的时候会很理性，但是我在做事情的时候很感性。”

说话声很大，不时发出爽朗的笑声，让人觉得她是感性的人。

白岩松曾说过，夏华年龄上比他小，但他觉得夏华就是大姐。

这个问题再被问起，夏华会反问：“我有吗？”

有一点，夏华没否认，她的成功是对自己的放飞。“我正是因为没有任何的条条框框，在根本就不知道什么是服装的时候，才会有更新的一种思考。所以到今天我们的企业一直都存在这种现象，不是说你学什么一定要干什么。”

夏华毫不掩饰地说，父亲对她的影响特别大，连同品牌的定位都受他的影响。“因为他影响到我对成功男人的判断。”

被问到当初父亲反对她出来单干，她是否犹豫过的时候，夏华还是那句话：“要放飞自己，在飞行中定位，你真的不知道哪里会让你激情无限，哪里会有真正的你想要的风光，不飞之前你都不知道。”

访谈实录

访 谈 嘉 宾：依文企业集团董事长 夏华

访 谈 主 题：从女教师到女企业家

访谈主持人：张沉

访 谈 时 间：2010年10月

访 谈 地 点：北京 依文大厦

腾讯财经：夏总您好，欢迎来到腾讯财经《商业人生》。采访之前，我们参观了依文企业，感觉你们的办公楼的装饰有很多设计得很特别的地方，想体现什么？

夏华：我一直是倡导中国品牌要真正做精、把品牌的价值呈现出来的那个呐喊者。其实我一直在呐喊，一直在行动。我们中国有这么大的市场，把企业做大、把品牌做强都不是多难的事情。

在这种情况下，尤其是服装品牌，几乎全部是扁平的扩张。企业打造了一个品牌之后，管理还没有达到一定的精细化水平，或者没有一定的品牌议价能力及品牌高度的时候，就开始放大市场。

因为中国的市场非常大，甚至可以两三年开五千家店，但品牌在未来是否能够呈现出很强的竞争力，我觉得这在所有做品牌的人的眼里都是一个问号。

我希望把品牌拉到一定高度的时候，逐步地有节奏地去放大市场，这样才能真正实现品牌价值的提高。当人们带着尊重和爱再去购买你的品牌时，我们再在市场中不断地把品牌放大，我觉得这才是真正的“道”。

腾讯财经：依文是这样做的吗？

夏华：依文在这么多年的发展过程中，一直追求精细化管理。精细化管理，其实我觉得最重要的就是“氛围管理”。在管理学当中，以前没有“氛围管理”这个名词，我是最早开始使用的。我们在所有的行政后勤体系之外成立了一个管家部，它的工作就是做“氛围管理”。

谁对企业品牌的营销负责？不是营销团队，也不是业务团队，而是其中的每一个人的每一种行为。当一个陌生人走进这个企业的时候，“氛围管理”就让这个企业真正有了“语言能力”。我们管家团队要干的事就是负责“氛围管理”中的软件管理和硬件管理。所谓的硬件管理，就是大家走进依文大厦，看到的电梯间里每天变化的花瓣，或者大厦内的任何一样员工设计的家具。而软件管理，就是每一天的早餐、午餐、下午水果、下午茶的安排。管家团队要让每一个员工在特别好的心态和状态下去工作。

史玉柱问过什么样的企业能够更持久，我说，无疑是一个充满无限激情的企业可以持续发展。我觉得，员工的激情是最大的创造力。一个企业需要的永远不是一台或几台“发动机”，而是无数台“发动机”。每一个员工都有很强的创新能力，都有创造激情，企业一定要提供这种氛围。所以员工每一天走进公司的过程，就是一个情绪调动的过程。

夏华认为，在品牌的构建方面，产品只是一部分，最重要的是营销和设计。中国品牌在产品上已经过关，但是在设计方面却只走了一半。“中国品牌的核心竞争力，一定是品牌的设计能力。这种设计力和创新力体现在方方面面，小到品牌的logo和细节、企业运营的每一个过程、销售的每一个环节等。品牌不是简单地设计某一个环节，而是对全过程进行设计。”“做品牌的人，都希望自己的品牌能成为消费者一想起就尊重的名词，这真的是我们的信仰。”

■ 情感营销更贴心

腾讯财经：刚才您提到一个问题，现在中国服装行业，之前可能基本上是数

量的扩张，但是没有注意品牌的渗透，没有像欧洲那样高端。我感觉依文想要一种尊重感，这些年一直在走这条路，但是，除了您刚才提到的企业内部建设，外部还需要什么条件？

夏华：对外营销，我们一直采用的是情感营销和文化营销。其实依文这些年在中国做品牌的企业里，是有最完整的文化营销的企业。从2000年开始一直到现在，我们花的钱最多的地方就是文化营销。

每年为顾客出的书，每个季节在所有的商业公共空间或大型的艺术空间里做的静态展览，这些主题不同的东西都跟服装无关。大家会觉得企业做展览就是在做产品的展览，跟销售有关联，而我们依文做的展览只跟男人情感有关，跟社会现实有关，因为我们做的是男装。

2000年的时候，我们举办过一次展览，当时的王府井大街、西单大街，包括美术馆里有很多"爹娘"的老照片，都是黑白的老照片。可能大家对这件事还记忆犹新。

腾讯财经："俺爹俺娘"系列展览？

夏华：对。那就是依文做的"俺爹俺娘"，揭示了那个时代人们内心情感的归宿和一种社会现实。那次展览在时尚产业里刮了一股情感旋风。之后是2004年的"虚度"，2006年的"错过"。反正每一年，依文的大型文化静态展，不仅仅在这个行业，在很多消费者的心里，也会产生一石激起千层浪的影响。

另外，我们一直在做情感营销。真正的营销是要去做撞击消费者灵魂的事情，而不做吸引眼球的事情。其实依文用很独到的方式，敲开了很多消费者灵魂深处的那扇门，也就是用情感销售的这条线牢牢地抓住他们。

所以，68万VIP对我们的支持，就是我们最大的核心竞争力。我们跟顾客之间永远不是谈服装、谈产品，而是谈他们每一个人的生日，每一个重大节日。每一个重要的日子，他们都会收到来自依文的特别的礼物。我们已经基本实现了销售后期终身免费打理的服务。总而言之，我们能够让顾客最便捷、最方便地去享受产品的服务，而且能给他们内心最需要的东西。

腾讯财经：是不是因为您这种洞察力或观察力，才能把依文带到今天？

夏华：我认为其实有两点非常重要：第一个是做品牌。无论是做男装还是做女装，我觉得都要有鹰一样的眼睛，能特别快速地捕捉一种需求。这种需求绝对不是表面的市场需求——比如说对色彩的敏感度、对材质的敏感度、对款型的敏感度——而是捕捉消费者的心理需求。消费者的心理需求，是根源性的需求。现在，像KEVIN KELLY敢去和杰尼亚抢客人、抢市场，我觉得是他们对这些高端消费者的心理需求有更深刻的了解。我们推出高级管家服务，推出了不需要逛店就能享受一年的服装打理服务，都是源于消费者的心理需求。

早在2000年举办中非论坛的时候，夏华打破行业内定制服装至少需要一周时间的束缚，24小时之内完成量体、设计、制衣的流程，将定制好的西装穿到非洲领导人的身上。从此推出的24小时高级定制服务，给依文提供了很大的利润增长点。新的时代需要创新的思想，夏华用贴近国人的理念、勇于挑战的精神，将信心转化为实力，直面金融危机，乐观、积极地走出了自己的道路。

腾讯财经：您觉得KEVIN KELLY将来能超过欧洲这些大品牌吗？

夏华：我觉得将来一定会，只是需要过很长时间才能见到效果。

腾讯财经：大约需要多长时间？

夏华：因为现在我们还没有踏出国门，在全球市场超越杰尼亚要很长时间。但要在中国市场，或者是在单体市场，我觉得给我们10年的时间，至少在三个领域里，我们完全有能力超越杰尼亚。

杰尼亚已经有100年的发展历史了，我也看了它的博物馆。我觉得每一个品牌都有相当深厚的积累，这是一种时间的积累。但是我觉得市场感受这方面，是不受时间限制的，我们可以快速地让消费者在品牌里得到更有价值的服务和更大的满意度。或者说，在产品的适用性上，让消费者觉得我们特别适合，在这个品牌里能够快速找到自己要的。我觉得在这一点上我们是有优势的。KEVIN KELLY的价位，现在跟杰尼亚这些品牌的价位单体已经差不多，我认为在差不多的价位竞争上，如果给我们10年的时间，一直以这样的方式去努力，不仅关注消费者的购买行为，还关注他们的内心需求，我们一定赶得上。

■ 梦想和行动是两条线

腾讯财经：到今天，KEVIN KELLY已经跟国际大品牌开始竞争了。1994年，是什么原因让您从一个大学老师转变成商人的呢？

夏华：我特别愿意说真话。我一直觉得梦想和行动是两条线。一条在你的头上是光环，梦想永远是光环；一条在你的脚下，永远需要你一步一步走。

如果这两条线真的会无限延展，一条会给你动力，一条会让你踏实，这样你才能走得更远。我一直都说，16年前，我从中国政法大学辞去大学老师职务的时候，没有今天这种高尚的梦想。

16年前，我就是一个25岁的女孩子。大学老师是一个很受尊重，相对来说温饱不成问题的职业，但是我一步就跨进了另一个行业——服装行业，而且是从一个最最普通的售货员做起。那个时候，我心里有梦。

我现在跟大学生聊得特别多，每一次跟他们聊到创业的话题，大家都特别愿意请我去现身说法。我经常说，别害了这些大学生，我必须说真话，因为这是很重要的。在他们的人生节点上，他们现在正处于人生的十字路口，我经常打一个比喻：你是想租房子，还是想盖房子，你自己必须想好。如果租房子，一定得选最好的环境；如果是盖房子，那毋庸置疑，一定得早打地基，哪怕刚开始的时候很苦。

我是一个想盖房子的人。毕业时，学校坚决要留下我当老师，我觉得其实自己挺喜欢老师这个职业的，就留下来了。但是我依然希望去改变我和我的家庭的命运，因为毕竟父亲那个时候还在农村。从我家到火车站有100米，每次我离家返校的时候这100米我跟父亲能走差不多两个小时。他一直边走边说，不送了，你迟早要自己走。但是，我每每一回头，却看到他还是跟在身后。也就是在那时候我真正从父亲的眼睛里读到了期待，我原来不懂父爱，我相信很多孩子都不懂父爱，就是在那个时候我从他的眼神里读到了一种期待，懂了父亲很多年以前就说过，但是当时我根本听不懂的话。我父亲说，三十年前看父敬子，三十年后看子敬父。那个时候可能父亲真的把他对未来的期待给了我，我也是从那个时候就特别想让我爸爸住进大房子，让他出门就有好车。我内心有很多期许，虽然我没有讲给他听。

■ 下海遭到父亲的反对

腾讯财经：父亲的目光是您1994年下海的动力吗？

夏华：我觉得是我的动力，那是我特别坚决的内心动力，所以我根本没有跟我父亲商量就下海了。

对于中国服装，夏华一直有自己独到的见解。她想要创造一个全新的、时尚的中国时装系列——“中国时裳”。一支由传承中国非物质文化遗产工艺的顶尖级工艺大师、国内外知名设计师、工艺师组成的设计团队，用三年时间精心打造“中国时裳”系列。毋庸置疑，这张具有特殊意义的着装名片即将吹响一场服装革命的号角。踌躇满志的夏华，带着她的依文，以感动世界的创意力量，一步步向世界舞台中心迈进。

腾讯财经：他能接受女儿去卖衣服吗？

夏华：他特别不能接受。所以我就说，每一个人在抉择命运的时候，最难过的都不是什么实际的坎，而是心坎。我当时跟我父亲说，我辞职了。我父亲说的第一句话就是，你犯错误了吧？我说，没有犯错误。我父亲说，那你干吗去了？他觉得可能是我找了一个特好的工作。我说我卖货去了。我爸在电话的那一头，毫不犹豫地就爆发了。这么多年他没有跟我发过火，他特别不能接受。他说，你要卖货？你让我这么辛辛苦苦供你念大学，念完大学去卖货？

腾讯财经：从大学老师变成卖货的？

夏华：对。他说，本来在邻居面前我觉得特光荣，我姑娘成了中国政法大学的老师，可是现在你要去卖货。你卖货干吗不早去？你非得让我那么辛苦供你读完大学，你才去？ 咱家这儿也有供销社，你早就可以去卖货。

我当时觉得说什么都没有用，说什么都很难让他去接受和理解。所以我只说了很简单的几句话，我现在都记得那个通电话的过程，我记得特别清楚。我说，爸，我卖货，是过程绝不是结果。我想告诉他，我通过卖货，会证明我是有理想，有想法的。当然，在没有看到结果之前，我无法得到父亲的认同，因为未来会怎样，我无法描绘给他听。

所以，我就跟我父亲说，反正未来我会让你过上好日子。我觉得这两句，其实是一个承诺，是一个理由，也是一个结果。但是当时父亲还是不能接受，所以之后的两年里，他都没有跟我通过电话。

腾讯财经：您当时很伤心吧？

夏华：我一直是个精神很独立的女孩子，报考政法大学的时候我也没有跟他商量。我觉得和他商量，他会很不放心，因为我一个女孩子在外地无依无靠的。我相信在他的眼里，对大学老师这个职业是很满意的。

■ 去福建调研，改变了自己想法

腾讯财经：当时出现这种情况，心里很矛盾吧？

夏华：真正的犹豫和矛盾，那个时候其实还没有，当时我很坚定，我想做一件事情的时候就特别坚定。决定创业之前，我带着很多研究生去福建沿海一带做调研，当时国务院给了我们一个内参的调研课题——《国家西南沿海的经济发展与法治建设》。调研的时候看到的一些东西，颠覆了我以前的一些观念。

其实创业这件事我早就想过，但我没有想到会从服装开始。

我的老家在大连下面的一个小镇，我一直很喜欢时装，很爱美。但是我觉得，我未必有这样的能力。因为我没有学过设计，不专业。但是到沿海地区，福建的服装业和鞋业很发达。我突然发现，很多当时做得很成功的人，别说他们没学过服装和设计，他们甚至连书都没有读过多少，他们就是这么勇敢地走进了这个行业。至少我得出了两个结论：第一，这个行业不拒绝外行；第二，这个行业充满机会。

当时我选择做服装，不知道该做什么，或者说不知道怎么给自己定位，怎么做，所以我从一个售货员开始做起，因为也没有资金的积累。我相信每一个人在起步阶段亢奋的状态下，是没有后悔可言的。至于什么时候我真正有点儿动摇，那也只是心坎里的动摇，所以我现在谈的其实都是心里的感受。生活中的苦，对于每一个创业者而言是不同的，但其实都很苦。

腾讯财经：既然这么苦，您动摇过吗？

夏华：有过。我最动摇的事就是见到熟人。当时西单商场是北京最好的商场，很多人都会去那儿买衣服，撞见熟人的概率特别高。我一看见熟人来了，就赶紧背过身去，就特别希望不要被认出来。结果你越是背过身去，很多人越是要看你的衣服。每次熟人一见面，大家都会觉得不可思议，从大学老师到售货员，这样的落差在当时人们的心里带来的震动还是特别大的，所以那8个月做售货员的经历，是对我心智的一种锻炼。

所以，我一直都说，对于创业或对于一份事业的起点，没有最好的时机，只有最好的自己。所以那个时候我能顶得住那么强的心理压力。

■ 四根杆改变了命运

腾讯财经：这个心坎什么时候过去的，比如怕见到熟人，或者是心理落差？

夏华：其实就在8个月之后，我真正地找到了创新的那扇门。那个时候国外的画报卖得特别贵，还特别不容易买到，但是我一直坚持去买，去看那些新兴的东西。有一天，我跟我当时打工的老板谈，我说，有这么多色彩亮丽的衣服，为什么你一定要做灰蓝黑的西装？为什么不做这样的东西？因为那个时候欧洲已经流行那种彩色的、小格子的休闲单件，但是老板觉得这是不可思议的，说这样的衣服男同志是没有人敢穿的。

腾讯财经：那您放弃了？

夏华：西单商场是当时最好的百货商场，那个时候没有店中店的概念，都是靠杆子来卖货的。当时我的老板的柜台最大，有20根杆。我说，你能不能腾出4根杆？你拿那16根杆卖原来的东西，这4根给我尝试一下，如果要是赚钱了我们一人一半分，如果赔钱了算我的。他说，这个行吗？你要想好了，咱们签一个东西就算数了。我说OK，可以。

腾讯财经：下一步您做什么了？

夏华：然后，我就去了当时市里最好的毛纺厂。特别有意思的是，毛纺厂销售科的人看见我就拍了一下大腿，吓我一跳。我说，这怎么了？他说，你找对了，我们那些出口没有配额的布料都压在库里，你如果要，我就给你。我东拼西凑也只有三万块钱，然后，我就把这个钱给他了。

当时，真的是很便宜地就把这些面料进了一批。然后，我去找了一家服装厂加工。那时候没有专业的设计师，我就兼做设计师，那家工厂有一个绘图人员，按照我的要求给我画设计图。就这样，我亲自设计的第一批服装诞生了。

挂到杆上的时候确实一下子就让人眼前一亮，因为当时西装的颜色全是灰蓝黑，突然有了彩色的格子的西装，很多人都来看。但是每个人摸一把就走了，试都没人试，只是觉得很新鲜。

后来我又去找商场老总，我说，你能不能给我一面墙？商场老总说，你念大学念傻了吧？人家都拿杆子卖货，你要墙干吗？我说，你就给我一面。他说，墙没人要，你随便。我就在墙上挂满了照相馆放大的照片。可是大家看不懂啊！我对每个顾客都解释一遍又太累了，于是我就给它们取了一个标题叫“亮丽人生”。我对顾客说你看人家外国人都这么穿衣服了。

我觉得当时我能成功，除了勇气，机会也是一个很重要的原因。当时正好有一批公派留学的人回来了。公派留学的人都知道，那个时候在欧洲，花外币买一件苏格兰格的衣服很贵。当时我的衣服都标了个天价，因为我对定价这方面不懂，当时一套灰蓝黑色调的西装398块钱，我在中国政法大学一个月赚324块钱，还是加补助的结果，那是大学老师啊，而且我疯狂地讲课。我的服装卖680元一件，所以真的很贵。但是从国外回来的那些人，觉得值，面料就是中国出口的，所以这一批人愿意接受，他们也敢穿。

结款的时候一下子就蒙了，我从来没见过那么多的钱。销量最好的时候，一根杆能卖120多件西装，就是现在我也没再破过那个纪录。我一下子就跳到“蓝海”里面去了，那是蒙的。我赶快把剩下的那些料子扣住了，这段时间谁都不能给。

应该说第一桶金源自创新的尝试。为什么这些年，我对创新会这么推崇？因为我觉得它给我带来了第一桶金，也给我带来了一个世界。所以从那时候开始，我一直都说，能赚到第一桶金的原因当中有机会，有勇气，也有创新。

腾讯财经：是不是格子服装卖火了以后，给了您更大的勇气和信心？

夏华：也不是，一下子赚了钱之后，我反而很彷徨。我去参加供应商大会的时候，几乎是听不懂身边人在说什么。他们都是福建人、广东人、温州人。这件事给我的印象特别深，当时我就想，我是不是要在这个行业里面做一辈子？有很多同学就让我出国。那个时候我手里拿着钱，有机会出国了。可是如果我不做服装这一行，是不是就得去巴黎读书？人们拥有一定财富积累的时候，是否有一颗坚定的心？这是一个很重要的问题。

腾讯财经：那个时候您赚了多少钱？

夏华：大概一个月就可以赚几十万。我是从农村走出来的孩子，拿着那么多钱我觉得特别惶恐，有一种做梦的感觉，觉得不真实，对财富分配的思考特别强。我要给我爸买一座大房子，这是我的直觉，也是第一个想法。但是我还不能跟我爸说，我一下子赚了特别多的钱。我爸一定会觉得，我干了什么非法的勾当，因为他是老革命军人，是解放四平的时候受伤的国家的一级授勋军人，他是很正直的一个人。

正好是那一年春节的时候，我很忙，就找了一些人帮我卖衣服，同时我又要管理那些人，一直到晚上才忙完。该吃饭了，可大年三十饭馆全是关门的，我回去找了找，翻出来几片面包配着矿泉水就吃。我爸这个时候给我打了创业以来的第一个电话，因为是春节，他有点撑不住了。他问，吃饺子了吗？我说，爸，我没吃饺子，我吃的是西餐。我爸说那混得不错，都吃西餐了。然后就把电话挂了。

庆祝中华人民共和国成立60周年，全世界的目光都投向中国，时装成为最惊艳的时尚看点，引发了世界对中国时尚的新一轮关注。作为中国著名的男装品牌企业，夏华带领的依文企业集团，承制此次国庆群众游行10万余人的服装，是最大的服装提供商。付出的很多，利润未必高，但夏华认为能够参与国庆盛典华服的制作，是企业的荣誉与骄傲，也是对企业综合能力的一种考验，员工们的奉献都是发自内心的。

■ 创业的激情就源自于你放飞自己

腾讯财经：您认为自己的成功能给大家什么启示？

夏华：今天我给大家的一个启示是，创业的激情就源于放飞自己。我正是因为没有任何的条条框框，在根本就不知道什么是服装的时候，才能有更新的一种思考，所以我们的企业一直存在这种现象，不是说你学什么就一定要干什么。我还不知道服装是什么的时候，就走进了这个行业。我用了一个最简单的方法：我坐在商场的门口看了三天的提袋率，看哪家的购物袋出现频率最高，我就去哪一家做售货员。

腾讯财经：您是一个实用主义者？

夏华：其实我是一个有梦想的人。我一直觉得，做成事业的人一定要把感性和理性结合得特别好。我在判断事情的时候会很理性，但是我在做事情的时候很感性，所以我一直在我们企业倡导一种"挖井哲学"。

其实人一生都在挖井，过程中交织着感性和理性。哪个地方能出水一定需要理性判断，但是当你从一个地方挖下去的时候，你无法判断什么时候会见到水，打井过程中见到的石头、草根、树皮都有可能挫败你的信心，觉得这个地方不可能出水了。恰恰那99%不成功的人就是在这个时候放弃了，因为他不信一定会有水，觉得这个地方不行，决定再换一个地方挖。所以成功和失败之间的区别，就在于是挖坑还是挖井。很多人一辈子挖了十几个坑都没水喝，但是我挖一口井一定要让它出水。越难的时候，越要给自己更大的梦想驱动，我觉得有一天一定能看到水，别管过程有多难。

■ 要放飞自己，在飞行中定位

腾讯财经：学文科的人是不是比较感性？

夏华：上世纪90年代中期以来，中国政法大学历任的校长，都会来我们企业坐坐。因为中国政法大学申请转变成综合学科院校的时候，就提到了我的案例。

有人说，政法大学就是以法律学科为主，不能兼办其他学科。校方说，我们学校出了一个非常有名的做服装的企业家，所以当时徐校长完整地上报了我的案例，说我们学校能够培养综合学科人才。政法大学给了我非常严谨的逻辑思维，我做一件事一定会问很多东西。

我经常对大学毕业生说：要放飞自己，在飞行中定位，因为你真的不知道哪

■ 献给所有尝试了幸福、挫折、荣誉之后决不放弃未来生活的男人——依文广告。

里会让你激情无限，哪里会有真正的你想要的风光。如果不飞，你只看到你眼前的风景是美丽的，飞起来才能发现有这么多的漂亮的地方。

腾讯财经：放飞自己，是您性格中很有激情的一面。那么您父亲对您的影响是哪一面？

夏华：我父亲对我的影响特别大，连同品牌的定位都受他的影响，因为他影响到我对成功男人的判断。我们做的服装，是给成功的男人，还是白领阶层？还是别的消费群体？我把这个定位搅混了。是一定要做有钱人穿的，还是一定要做成功男人穿的？怎么判断一个男人是否成功？我父亲给我的影响，就是使我知道了什么样的男人是成功的。

我对产品的感受和对品牌的定位都源于此。其实男人的成功，无法用一种尺度来衡量，科长算成功？处长算成功？局长算成功？

父亲在我心中的伟大形象，源于他演好了生命中的角色，他就是我眼里最成功的男人。我所认为的男人的成功，与金钱和职位没有特别直接的关联。很多男人一生未必拥有鲜花和掌声，但是只要他是孝顺父母的儿子，是家庭的顶梁柱，他就是成功的。

还有很多男人一生都平庸无奇，可能在孩子眼里都不是伟大的父亲，但是可能他就是承载一个女人一生幸福的港湾，让一个女人找到了一个可以依靠的肩膀，所以说他也是成功的。我觉得这些男人都值得我们用心去尊重。当时我对成功男人的衡量标准就是这样的，所以我们一定要做这种有品质、有气质的品牌，就是这样给依文画了一个大圆。

■ 关于上市的思考

腾讯财经：我们知道依文也是您女儿的名字。好多企业家都会遇到这个问题，就是怎么平衡家庭和事业的关系。因为孩子需要您，企业也需要您。

夏华：女人要做一件大事其实没有多难，因为女人有很多自己的优势。但女人要做一件大事其实也挺不容易，就是人生的取舍标准跟男人不一样。因为母亲这个角色就是女人一个最伟大的光环，和你事业做得有多好无关。

1999年，依文做到了北京市场的销售冠军的时候，我要作人生的最大的取舍：企业在爬坡，要由一个创业型的企业转变成一个真正的品牌企业，同时，我又生了小孩。我没有经历中国传统的坐月子的那些事。小孩从特别小的时候，我就把她装到一个篮子里，每天到哪儿就把她放哪儿。有时候开车，经常是一个急刹车，篮子就一下子从座上滚下来，吓得我立刻停在马路中间开始掏篮子。警察总是发着火过来，我说你先帮我把小孩掏出去。从来没有警察罚我，都是耐心等我把孩子弄好。

那个时候，我真的是常常在想自己是否有能力去承担两个生命中最重要的角色：一个是企业的领袖，一个是孩子的上帝，这两个角色都太重要了，而且都无法放弃。所以我一直说我的生命信条是“大依文”“小依文”，她们一直是我生命中付出爱最多的。

我真的是考虑过，要不然做一个好妈妈，要不我就做一个好领袖。今天回想起来，考虑这个问题的过程中，有很多很多的乐趣和故事，对一个女人来说，那是特别艰难的抉择。当时我就觉得无论多苦，这两个角色都要演好。今天我有的时候会觉得自己很不容易，或者说是有一点点了不起，因为我在最艰难的时候把这两个角色都承担下来了。今年我的女儿已经12岁了，很好。

女儿出生的时候，夏华没有思考就把女儿的名字也取为“依文”。那时她说过，做品牌，就像给自己判了“无期徒刑”。如今，随着女儿的成长、企业的壮大，这位刚过不惑之年的服装行业的管理者告诉大家，在金融危机下，与“无期徒刑”赛跑，信心最为重要。

腾讯财经：现在“大依文”正在渐渐地长大并开始逐渐成熟。在这个过程中，它可能会遇到“成人”的问题，您遇到了吗？

夏华：就像您说的“成人”的问题，我们企业在几年前就遇到了。从2003年开始，我们就开始讨论上不上市和融不融资的问题。在企业家的圈子里，这是大家都很熟悉的一个问题。但是此前上市的中国服装企业做得不好，这是有目共睹的一件事。上市让资本扩大了，但是品牌的价值变低了；上市让企业真正地富起来了，但是品牌在一线市场消失了。我觉得这是做品牌的一个悲哀。一个以服装为主业，或以品牌为主业的企业，如果上市或者融资，一定要有更好的发展空间，这个品牌的知名度、美誉度的传播，必须与市场扩张一起进行。那些上市之后表现不好的服装企业，带给了我很多的思考。是不是资本对数字的要求过于敏感？我一直在想这个问题。

腾讯财经：您觉得上市会对品牌造成伤害？

夏华：这些年我一直这样认为，中国服装企业的整个架构和一些品牌公司，在精细化管理还没有做得很好的时候，会受资本的影响。如果用力过猛，它一定会变形。对资本的进入，我还有很多的问号。我一定要使我们企业发展到即使我不上市，资本也不进来，我们每一年也有百分之四五十净利增长的时候，再决定要不要上市。

腾讯财经：可不可以这么理解，您不想让资本来控制您的意愿？

夏华：有的资本要投资一家服装企业，最后企业要由投资方来管，我觉得那是最大的悲哀。我觉得投资方一定是看好企业的团队和发展方向之后才会投资。前几年，员工也很着急，因为上市对企业不是一件多难的事，而且都有人找上门来，给出很高的市盈率。但是我说，一定要做到净利增长，一定要让投资方觉得我根本不着急让他们开店。

面对服装行业的品牌在一线城市的惨烈“厮杀”，不少人认为品牌转战二三线城市，是不得已而为之。而夏华认为，将品牌转移到二三线城市发展简单归于商业竞争是片面的。在她看来，近年来随着经济的发展以及城镇化速度的加快，居民消费往二三线城市集中有了可能。对于服装市场的预测，夏华永远站在宏观市场趋势和经济发展的角度去分析，从而保证了依文的发展成为行业的风向标。

腾讯财经：您现在离上市的目标越来越近了吗？

夏华：现在只要是跟我们真正谈好了合作的投资方都没有什么问题，因为依文每一年都发展得很好。中国没有几个服装品牌先做架构再扩张，我们恰恰是先把价格架构打得很好，等把中档的实用性的品牌、时尚类的品牌、高端的跟国际品牌有议价能力的高利润品牌都打造好了，再有步骤地扩张。

编辑手记——男人的置装师夏华

文/张沉

每次见到夏华，都会被她的那种热情所感染，这也可能是某些人天生的气质。

夏华自己也说，她的感染力确实很强。

她要去演讲，几分钟就能把听众拴住，都瞪大眼睛乖乖听着。还有分析人士更夸张地说，夏华是最能细致观察男人世界的女企业家之一，虽然你感觉她总是风风火火的。

采访完毕，她请我们看她今年搞的诺丁山春季男装发布会的"秀"。说实话，确实有创意：一面黑色墙，被电焊慢慢地切割，一把立体的椅子在墙上渐渐呈现；一匹马穿过椅子，椅腿间的玻璃被撞碎；灯光闪烁，模特出场。

"怎样？"

"牛。"

"这是我设计的。"夏华是在告诉我，她也有女人细致的一面。

东拉西扯，我们又谈到了阿拉善联盟。夏华也是该联盟的会员，她说，这个组织有的企业家真是在搞环保，想做事，而有的人去了就是为了作秀。有的人一边在台上振振有辞地说，要如何如何治理沙漠，一边看表，"对不起，我有事还要赶飞机。”我说，要真搞环保，都留在这里，谁都别走，谁也别装。

学完这段，夏华哈哈大笑。

她又告诉我，男人觉得什么都比买衣服重要，认为每天都有很多更重要的事情要做。所以有时候，她们为了VIP客户，要特意跑到机场，趁贵宾乘飞机前的空当，为他们量尺寸。其中包括很多知名企业家，比如柳传志先生。

夏华说，一天，柳传志带着他的太太和儿子到依文店里来了。那天她看到了一个从未见过的柳传志，是那么幸福。因为那是作为丈夫、作为父亲的柳传志。

北京慈铭健康连锁机构总裁 韩小红

中国专业体检第一人韩小红

- 我不是一个看问题就发愁的人，我是看到曙光就拼命去做的人。
- 我敢说我是产业链上的第一人。因为我做的时候，没有一家机构像我们这样真正地把体检做成专业化，我觉着我是当之无愧的第一人。
- 我控制欲强表现在我有能力控制的地方。但我也非常清醒地知道到我自己缺什么，我学不成什么。

成 功 轨 迹

1990年，于大连医科大学毕业，获医学学士学位。

1997年，于北京医科大学毕业，获医学硕士学位；后进入解放军301医院任肿瘤内科医师。

2001年，于德国海得堡大学毕业，获医学博士学位。

2002年，创办慈济健康体检。

2007年，慈济更名为慈铭健康体检集团，成为中国最大的健康体检连锁机构。

2010年，慈铭集团在全国的连锁机构达到45家。

韩小红印象

文/解音

■ 如果人生只剩三年的时间

如果人生只剩三年的时间，你会用它来做什么？

韩小红说："三年时间，我能把父亲送走，让他安静地度过晚年；三年时间，要把公司做好；三年时间，要把女儿养大，把她培养成一个有价值的孩子。我把这三件大事情想得很清楚，在想清楚的那一瞬间，我觉着我的目标很清晰，所以我的那段历程，是很充实的三年。"这是2005年6月，得知自己身患胃癌之后韩小红的真实想法。

接下来的三年，韩小红不仅完成了这三件大事，还走上了事业的高峰。到2010年，慈铭集团在国内已有45家连锁机构，是亚洲规模最大、体检量世界第一的专业化健康体检连锁集团。

在这段时间里，很少有人提及她的病情，好像忘记了她的癌症。除了她满面春风的笑容之外，人们记住的是她领导下的企业的飞快发展以及她作为一个企业家和管理者的形象。慈铭除了获得投资公司的青睐外，还不断加深与平安等国内外的保险集团的合作，并着手筹措上市的计划。

从肿瘤科医生到企业创办者和经营者，韩小红的多种角色，在创业起至今的8年里完成集合。8年里的每一个时间点，都包含了更厚重的内容——她从未被击退过，并完成了一次与生命的博弈。

位于北京市朝阳区的慈铭体检医院。

■ 坎坷创业路：2002年

打开慈铭健康体检的每一个分支机构的网页，你都会看到韩小红的笑脸。作为慈铭健康体检的总裁，韩小红像一个形象代言人，用微笑传达企业所提供的服务和健康概念。

2001年，她在德国海德堡大学获得了医学博士学位。据说，海德堡是歌德把心丢下的地方，美得让人流连忘返。毕业后的韩小红，对于是否选择回国，着实迷茫了一阵。

■ 2001年韩小红在海德堡大学读博士。

那一年，韩小红的先生胡波刚创办的慈济门诊作为癌症专家门诊开始运营，但亏损严重。作为一名肿瘤科医生，她见证了太多的生死离别，而很多病人总是因为检查不及时，到癌症晚期而无药可救。在德国，韩小红看到公民体检是一件非常常规的事情，便产生了经营体检服务的想法。

创业初期的过程并不顺利，由于是医生出身，做企业难免经验不足，所以碰到了很多的问题。因为遇上非典，第二家门店6个月没有经营，资金链几乎断了；第三家门店遭遇大火，除了损失，还要交20倍于损失的罚款。

然而，“我不是一个看到问题就发愁的人，我是一个看到曙光就拼命去做的人。”韩小红说。

非典期间，体检的客人没有了，韩小红决定公司立即转型，以缓解市面的需求为主要工作：卖口罩、卖温度计、进中草药。她带领二十多个员工，每天忙忙碌碌，早7点到晚上11点不曾停歇。

■ 韩小红的“明星”家庭，右二为韩小红。

第三家门店失火，大火整整烧了一夜。韩小红说到达现场的时候，她流泪了，但是马上就恢复到理智的状态，思考下一步该怎么办：员工怎么

办？现场怎么办？如何清理？如何复原？何时恢复营业？如何处理周边关系？后来，在同样的地点，她花二十天的时间把这家店重建起来，继续营业。

有人说熟能生巧，原理是，如果你像外科大夫那样思考，你就能更像个外科大夫，你的思维越中立，那么，切开、缝合、关上……这些操作就会越熟练。在经历了诸多波折以后，韩小红彻底从医生成长为一个善于解决问题的企业家。

“我发现我是个抗压性极强的人，不经历一些事的时候，我是不知道的，我也不知道我有这么大的潜质。” 韩小红说：“在那个时间节点，你不能去想自己有没有潜力，你只能选择做下去，走下去”。

但她也坦诚，说回头看的时候，会觉着很后怕。如果这些事情再发生一次，她不知道是否还能承受，有可能会放弃，选择不干了，回家过安定的生活。

■ 与癌症博弈：2005年

命运弄人。在韩小红的体检店里，她的父亲被诊断出已到癌症晚期，接着是自己被查出胃癌，韩小红接连遭受了疾病带来的身心打击。

“后来我有了这样的判断：病人是不痛苦的，痛苦的是他的亲人和家人，真正爱他的人。”韩小红说。创业过程中，经历了这么多，再困惑，再难受，也没有父亲的去世，父亲的疾病对她的打击大。

韩小红属于那种拿得起放得下的人。我问她，痛苦吗？绝望吗？她的回答很清楚："我自己没什么，我把日后几年想要做的事情都规划出来，把公司做好，让丈夫好好经营，把女儿培养好就足够了。""我觉着我的目标很清晰，所以那三年对我来说就是一段充实的奋斗历程。"

实业家的身份转变：2007年

2007年初，慈济更名为慈铭，并进行集团化资源整合，形成慈铭集团，先后在全国各地设立子公司和连锁机构20余家，成为中国最大的健康体检连锁机构。2006年和2009年，慈铭先后引进了鼎晖投资、天图创投等投资机构，筹措上市的计划接踵而至。

对于公司上市，韩小红显得没有那么急迫，而是延续她解决问题的思路，寻找合适的职业经理人。她清醒地认识到自己是一个创业者和做实业的人。她说公司上市以后，有可能会把公司交给职业经理人团队，而自己再去做创业的事情，因为这是她的兴趣。

韩小红当选"商界木兰"后参加论坛。

■ 重生

■ 重生：2010年6月21日

有人说，韩小红是个“狠角色”，因为在她的经历里，挫折不断，却没有被挫败过。对此评价，韩小红自称这不是“狠”，但也不算是柔，她的风格就是自律。在经过了癌症的打击之后，她对人生的重新认识就是关于时间的：“我珍惜时间，非常珍惜生命，我觉得我的命是捡来的。”

“我说我的生命从那时开始。癌症手术后有一个5年生存期，我们在临床上叫做‘重新生存的时间结点’。度过这5年，就意味着可以继续活下去了，跟癌症告别了。”

原本韩小红想为这一天办一个Party，但是因为太忙，没有顾得上。

2010年6月21日，这是韩小红的另一个生日。

访谈实录

访谈嘉宾：北京慈铭健康连锁机构总裁 韩小红

访谈主题：从医生到企业家

访谈主持人：张沉

访谈时间：2010年10月

访谈地点：北京 慈铭体检集团总部

■ 扔掉301医院的金饭碗

腾讯财经：韩总，您好！谢谢您接受腾讯财经《商业人生》的访谈。我们知道之前大家都管您叫韩博士，因为您是医学博士。之前留学德国，回国后您选择了自己创业，当时怎么想到创业的？

韩小红：其实我从德国留学回来的时候，还是回到了传统的单位。因为我当时从301医院申请去德国留学，自然还要回到原单位。最初我挺迷茫的，因为有三个选择：一是留在国外，二是回国创业。当时我先生邀请我跟他一起创业。他创建了一个门诊部叫“慈济”，那个时候定位在癌症治疗方面，这和我的专业相关，我是搞癌症治疗的。第三个选择就是回301医院上班。

■ 癌症治疗要早检查、早诊断

腾讯财经：回国的时候，大约是哪年？

韩小红： 2001年底，我回国；2002年初，我到301医院上班。那个时候爱人的门诊部刚进入运营阶段，也有很多问题，所以我的心就被这个门诊部牵扯着。当时我们做的这个门诊部很正规，请了很多专家、名医为癌症病人看病。但是因为门诊部名气不大，所以不可能迅速进入盈利阶段，亏损得很厉害。

本来这家门诊想请我做出诊专家的，但是我看到这样一个现象——门诊部没有病人。门诊部如何做下去？必须把它的品牌影响力打造出来，或者用一种方式把更多的人吸引过来。

因为我是在301医院上班，作为肿瘤科医生，看到的都是癌症晚期的病人。其实我们也有很多困惑：市民为什么不能进行早期检查，及早发现疾病，到了病情晚期才来到医院救治？那基本上就很难救治了。所以那个时候，我和先生就商量，开始经营“体检”这个概念。

上医医无病，中医医欲病，下医医已病。体检是上医，是在你健康时检查发生疾病的可能性，所以价值更大。韩小红说，很多医生讨论的都是针对病人的病况怎么救人、怎么治疗，学的都是这种狭隘的治病理论，但是很少有人想过提前预防。她决心在中国走出一条体检之路。

腾讯财经：您是在301医院的时候，就觉得中国人需要关注体检？

韩小红： 对。其实，我们在当医生的时候，就总结出癌症治疗的手段就是早期检查、早期诊断、早期治疗。但是病人到我们医院的时候，病情基本上都是晚期的，所以我们也只能说如果早期会怎么样，早期诊断会怎么样……但那个时候大家只是嘴上说说，只是觉得这个过程中存在一些问题，没有想到商业模式的问题，没有早期检查这样的意识。

而在国外，公民体检是一种常规现象，这对我有一些启发。回国以后我才真正开始思考“公民体检”这个问题。

腾讯财经：您在国外看到有这种机构，当时觉得有盈利的空间吗？有这样思

考过吗？

韩小红：没有思考，因为那个时候我是一个博士生，要拿学位，我全身心地关注我自己的学术和学位。只是感受到在那个国家，体检是一个公民的权利，每个人都有体检的机会，由保险公司付费，国家也有相关的要求。不同年龄段的公民要去体检，但是我从来没有思考过谁在做这件事情，它的盈利模式、它的经营模式是什么样子的，我也没有去深度思考过。

■ 我不是一个看到问题就发愁的人，我是看到曙光就拼命去做的人

腾讯财经：您刚创业时候也挺不顺利的，开第二家门店的时候赶上非典，第三家门店失火了。是吧？

韩小红：对，创业初期，我觉着确实是因为经验不足。我跟我先生都是医生出身，所以我们出来做企业，想象不到方方面面的事情会这么多。这两件事情广为人知，是因为在当时的大环境下，它们被不断地报道，但是其实我们碰到的问题很多很多。

腾讯财经：举个例子。

韩小红：比如说我们当时租用的房子。经营企业租房子必须租产权房，我刚开始就碰上了租房子的使用权的问题。当我去工商局注册的时候，要办很多证照，程序上都需要产权证明；而当时我已经做好了装修、引进设备和设立机构各方面的工作，唯独租房产权问题没有解决。我碰到了许多诸如此类的问题。起初在经营的过程中也经常发生一些问题，我都是在“吃亏”中前进。

说到SARS，刚好是我们开设第二家机构的时候。当时，我们也确实很难，大概有6个月没有营业吧。

腾讯财经：那样资金会不会很紧张？

韩小红：非常非常紧张。当时我们第二家门店刚建完，所有的资金都投进去了。因为当时市面上缺大量的口罩、温度计等东西，而我们的门店有资质提供这些用品，可以解决老百姓的问题，所以我们就赶快想办法去进中草药、进口罩、进温度计，来缓解老百姓的迫切需求，同时也盘活了这个企业。

腾讯财经：当时感觉很危险吧？如果不卖口罩等用品，资金链就断了。

韩小红：资金链可能就会断了。但是我不是一个看到问题就发愁的人，我是看到曙光就拼命去做的人。所以那个时候我们没有休息。我带领二十几个员工，每天从早上7点干到晚上11点，连续几个月战斗在第一线上。每天忙碌的工作当中，没有困惑，就感觉是在解决问题。能解决那么多人的需求，我们觉得很痛快。

2003年3月，慈济体检迈出了打响品牌的第一步，慈济体检与北京娱乐信报共同启动了“为万名出租车司机免费体检”活动，北京数万名的哥在享受服务的同时，将慈济体检的口碑传给千家万户。之后，韩小红又与北京市律师协会达成了体检协议，解决了诸多律师的体检问题。在发展势头良好的情况下，韩小红开始着手开设分店。

腾讯财经：面对第三家门店着火的情况，压力是不是特别大？当时有没有感到一种挫折感，或感到十分迷惘？

韩小红：挫折感持续的时间，我觉着好像是几秒钟吧。我到现场已经9点了，那个时候已经烧了一夜，从晚上一直烧到第二天早上四五点钟。17辆消防车围着我们的体检中心，员工都在外面。因为事故现场太零乱了，太难以入目了，而且我看到员工很无助，所有的人都在等待着。那时候是4月份，天气比较寒冷，大家瑟瑟发抖。

我看到现场的时候，被震惊了，但是随之而来的反应是你不能倒下，你不能放弃，如果你放弃了，这些员工怎么办？现场怎么办？其实我流泪了，但是可能谁也没有看到。因为我要马上振作起来。如果我不站起来的话，整个公司就瘫了。

所以我很快就进入理智的状态，思考下一步该怎么办：现场的清理工作如何开展？如何处理和周边的关系？当时有三个机构在管辖着我们，一个是给我们租房的机构。还有就是这家门店地处两个区域交界处的管理机构。三家机构都来人了，都在看我的态度，而且他们当时就说，因为门店着火了，毁了他们安全先进单位的荣誉。

当时我在罚款单上填写的门店损失是两千块钱，罚款是损失金额的20倍，就是4万块。不仅仅要承受经济压力，还要承受来自周边的压力、外界的压力、员工的压力，甚至还有来自给我投资的人、给我送来设备仪器的厂家的压力——我还没有完全付款。

我是个抗压性极强的人

腾讯财经：您是个抗压性很强的人吗？

韩小红：经历这些事情以后，我发现我是个抗压性极强的人。不经历困难的时候，我也不知道我有这么大的潜质。因为在那个时间结点，你不会去想自己有什么潜力，你只能做下去，走下去。等你把这些事情都抚平了，一切都过去了，回头看的时候，你会觉着很后怕，当时的情况简直让你难以想象。

腾讯财经：怕什么呢？

韩小红：这些事情如果再发生，不知道自己还有没有那种力量承受。

腾讯财经：当时是一种潜能吗？

韩小红：我觉着好像是一种潜能。如果说事故又发生了，我觉得很可能就放弃了，回家过我自己安宁的生活。但是在那个阶段、那种状态下，一种个人的潜能就发挥出来了。

不太满足做医生的现状和角色

腾讯财经：我们知道之前您一直从医，是一个很好的医生，回国之后经营一个企业，那么多的波折和磨难突如其来，在这段时间里，您是如何完成角色转换的？

韩小红：从医生转变成管理者，事实上我没有刻意去不断地进行自我角色转换。我原来当医生的时候，就不太满足医生的现状和角色。

腾讯财经：为什么？

韩小红：比如你当医生的时候，就面对几个病人；你当临床医生时，要面对的就是七八个人，顶多10个人，他们出院了，又有10个人进院了，总是在不断地循环。我觉着驾驭的空间比较小，而且工作是重复性的，没有太多的挑战性，这也促使我不断地去读书。可是，我也觉着读书不符合我的个性，因为读书需要作研究，很枯燥，而且要写论文。那个时候在实验室里也是做大量的重复性的工作，后来我觉着我是一个挺喜欢冒险和创新的人，重复性的劳动对我来说是一种非常折磨人的事情。

腾讯财经：但是之前报道说，您是个偏安静的人。

韩小红：对，是这样的。

腾讯财经：您觉得这种工作没有挑战性，您喜欢新鲜的、有创新性的工作，您的内心激情驱使您不断地去找您想要的那种工作状态？

韩小红：对，我外表是安静的。但是我内心从来没有安静过，我的大脑也没有停止过思考，我一直在寻找自己的定位，寻找自己的机会。

在慈铭体检发展到一定规模时，韩小红又创立了慈铭输出管理模式：从选址到最后开业，慈铭出人力、物力，帮对方培训人才，构建经营体系、模式，最后撤出。慈铭会收取一定费用，但对方可以树立自己的品牌。对于这种为自己培养竞争对手的做法，许多人都很不理解，但韩小红说："按我的经验，要想做得成功要付出极大的精力和心血，这样正好能让更多人知道体检行业的运作流程。中国这个市场太大了，我也希望有真正的竞争者出现，只有这样才能让更多人受益。"

■ 还没准备好做上司公司老总

腾讯财经：我们知道这几年慈铭在筹措上市，现在能说一下这个情况吗？

韩小红：筹措上市我觉着是满足股东的利益吧。这么多投资者跟着你，看重这个行业，又给了很多前期帮助。事实上，我是最近两三年开始认识到上市的概念的，然后才慢慢了解到这个行业的运转模式。而且我也意识到，其实上市是一个很好的融资手段，它能够降低成本，能把原始股东慢慢稀释掉，稀释掉创始人的股份，所以我觉得上市可能是必定要走的一条路。

但这件事倒不是我非常急于要做的一件事情，我觉着自己还没有准备得特别好。我自己从一个医生，转变成一个总裁，再转变成上市公司的老总，我觉得还要懂财务管理、懂营销、懂资本运作等各方面的东西。

腾讯财经：那您能全学会吗？

韩小红：我觉着我学不会，所以我也意识到我可能做不了上市公司的老总。所以在公司上市前后，我要把这个公司做得更加扎实，做得更加稳固，打造出一个更好的团队。那样我将来就能把这个公司，交给一个特别好的职业经理人。他要认同我们公司的理念。他不仅要懂财务、懂经营、懂管理、懂上市公司的运作规则，还要能跟我的团队对话，懂医学的内涵。我觉得这样的人还是比较难找的。

腾讯财经：这对专业知识要求很高，还是跨学科的。

韩小红：对，跨学科，专业知识很强。

腾讯财经：您要求这么高，那您上市时间会不会大大推迟？

韩小红：那没有关系，我还会带着公司上市。公司上市以后，我可能不再引领公司的发展。

腾讯财经：您觉得您需要一个职业经理人来辅佐您？

韩小红：不见得是辅佐，也可能以他为主导呢。事实上，我越来越看轻自己。

■ 在有能力的领域，控制欲很强

腾讯财经：刚才您提到您是个控制欲很强的人，但是如果公司被职业经理人管理之后，您对这个企业的控制会稍微弱化吧？

韩小红：我说的控制欲表现在我有能力控制的地方。我控制欲强，但我也非常清醒地知道我自己缺什么，我学不成什么。其实每一个人在每一个阶段，他利用长项去做成的事是有限的，你让他把所有的事都做成，不太现实。你是最擅长做资本的人，你就永远是做资本的人，投身实业很难成功。当然全能的人也是有的，不过凤毛麟角。但是事实上我觉得人还是有自己的强项，我认为我自己就是个做实业的人。

■ 自己是个创业者，是一个做实业的人

腾讯财经：您的强项是创业？

韩小红：我认为自己是个创业者，而且就是一个做实业的人。所以公司上市是一个目标，我把它送上市，给股东回报，给员工回报，当然我个人也有回报。但是上市不是我追求的目标。上市以后，我会把它打造成一个职业经理人管理的团队，我再去做创业的事情。我非常有兴趣去做创业的事情。

腾讯财经：其实慈铭现在已经很稳定了，它已经经过创业期，进入稳定发展期了。

韩小红：对。

腾讯财经：有评论说，慈铭发展到今天跟您个人是个“狠角色”有关系。您觉得慈铭发展到今天，跟您个人有多大的关系？它成功在哪里？

韩小红：这个“狠角色”我还是第一次听说。我想可能每一个老总都有他的个性，有他的风格，我觉着我肯定不温柔，但是也谈不上“狠”。其实我是一个很自律的人，自我要求很高。对身边的员工，我的要求不是很过分，通常都不强调加班。事实上员工加班是自发的行为，你加班了，我看到了，我知道你有做不完的事情，我知道你很自律，我知道你对工作很投入，那么对这个人未来的成长我会很关注；但是如果你不加班，你不投入，我也没有要求。

现在这个从零起步的公司即将成为一个上市公司，公司发展得很快，我觉得自己欠缺的可能是没有时间去培养和培训员工。我更期望大家能够自律、自悟，因为我自己也是这样一个人。当然了，公司发展到现在的稳定期，我们已经开始有计划地培养一些人。

■ 当之无愧的中国专业体检第一人

腾讯财经：现在好多人说您是“中国专业体检第一人”。您觉得从“第一人”的角色来说，同行要缩小与您的差距，需要从哪方面去做？需要多长的时间？

韩小红：我敢说我是产业链上的第一人。因为我做的时候，没有一家机构像我们这样真正地把体检专业化，而且我们把体检做成了脱离医院治疗的、环境独立的、流水线似的一个工作流程。我觉得做这种意义上的“第一人”我当之无愧。

我多次去日本、韩国考察和学习。这些国家的医疗技术和条件的确发达。在体检方面，日本尤其先进，它是从1945年开始起步的。所以我一直在学习，我经常到他们有三四十年历史的机构去看他们目前发展到了哪个阶段，思考我们怎么能够迅速超越他们。

其实我现在非常自豪地说，除了有一些大型的设备还没有引进，我们在整个硬件管理上、在信息化管理上、在流程管理上、在医疗的水平上，完全不逊色于日本了。在体检行业，要彻底改变人们的意识，我觉得还需要几代人的努力，至少我本人都懒得体检。尽管我有这么好的机构，尽管我有身体问题，我都是被别人逼着才体检，我非常反感体检用掉两个小时。

腾讯财经：作为您的顾客，我们需要两个小时，如何缩短时间呢？

韩小红：我知道一个半小时到两个小时是一个承受极限。怎么不断完善流程，又能够把疾病诊断出来，缩短时间，让客户感到满意？其实这是非常大的一个课题。我们一直在思考这些问题，我知道我的感受应该是大多数人的感受。

■ 丈夫是绿叶，她是红花

腾讯财经：我们知道您和您爱人一起创业。您怎么评价他在创业过程中的作用呢？

韩小红：我觉得没有他就没有我，其实企业董事长是他，我呢，就像在家庭一样，他主外，我主内。比如说公司建立前期，我可能比他更稚嫩吧。我从国外留学回来，没有在社会上历练过，就来经营这个企业。他在社会摸爬滚打至少有个七八年了，他还知道怎么处理人际关系。办理证照的时候，我们要跟工商、税务、城管等各种各样的部门打交道，这些都使我感到惶恐和不知所措。

所以我觉着那个时候，他给我搭的一个空间就是，我专注于业务，我专注于我的所长，我专注于体检的流程，他去搞外围的工作。我觉着我们就像很好的搭档、合作伙伴。管理是要把体系标准化、制度化，可能我比较喜欢管理吧，慢慢的我们分工就细化了，他就开始脱离管理这一块。加上我的背景、我的资历，可能比较适合做企业推广，所以我觉得他该把我推到前台了。

腾讯财经：现在您是红花，他是绿叶了。

韩小红：对，应该是这样的，他也非常愿意看到这种状况。其实刚开始的时候，我觉得男子汉大丈夫应该自己经营企业，把自己推出去。我最不喜欢到外面去，而且我刚开始看到镜头都语塞，不会说话的，我不知道该说什么。这个其实是可以锻炼的，而且这种东西也不用太多的准备，因为毕竟是你自己经历的事情。后来就习惯了。

腾讯财经：现在可以说，他找到了他的角色，您也找到了您的角色？

韩小红：是，我们一直配合得非常好。但是在一些事情上会有一些分歧，因为他是很有主见、很有观点的一个人，我也一样。

■ 夫妻管理企业需要磨合

腾讯财经：产生矛盾的时候，俩人怎么办？

韩小红：谁也不服谁。

腾讯财经：那解决不了问题。

韩小红：那就肯定要一个人说服另一个人。白天说服不了，晚上回家说服。我就会不断地说，我一定会让他听从我的建议。

腾讯财经：那他不听从怎么办？

韩小红：现在我觉着他开始倾向于听从，因为有的时候是这样的：你掌握的信息量越大，你关注一件事情越久，可能你的判断就越准确。所以有的时候我们是靠这种标准来说服对方，就是哪一件事情以谁来主导，那么谁的判断力几乎就应该更加准确一些。

公司成立初期，由他主导，他做基础的事情，如果他的观点和我不一样，我基本听从他的。从头到尾贯穿由我主导的事情，我也不希望他来左右我，所以我也要极力说服他。但是我觉得我们俩的观点统一是非常重要的。刚开始我认为，他不同意没有关系，反正我知道怎么做，我带着团队做就行了，后来我才发现，我的团队是迷茫的，因为他们知道上面有一个不同意的声音。

腾讯财经：他们不知道听谁的好？

韩小红：对，他们不知道该听谁的好。所以他们做事时，左右摇摆，一会儿这样做，一会儿再那样做，很浪费时间。

腾讯财经：这个问题怎么办，解决了吗？

韩小红：这种事发生过几次以后，大家就慢慢知道该怎么做了。我现在跟大家这么说："董事长和总裁的意见出现不统一的时候，我们俩去解决。但是最终一定是听我的，因为我是总裁，我是管'家里'的事情的。董事长不同意的观点，在董事会解决，说服不了我，就要听我的。"这样的话，大家的声音就慢慢一致了。

腾讯财经：夫妻之间在管理企业的过程中需要磨合。

韩小红：对，一点点磨合，一点点成长起来。

■ 父亲的疾病打击最大

腾讯财经：刚才提到，我们知道您有个特别幸福的家庭，您有一个很可爱的女儿。但是人生都要经历很多事，您的父亲被诊断出癌症，对您来说是一个很大的打击吧？

韩小红：很多人都会问我，你事业上最大的打击是什么？经历了这么多，其实我觉着再困惑、再难受，可能也没有父亲的疾病、父亲的去世对我的打击大。那个时候因为我自己是肿瘤科医生，所以父亲的疾病是先在我这儿诊断出来的，然后到医院进一步确诊，当时的诊断是晚期。我已经非常清晰地知道他的生存期了，那个时候真是无力回天。

腾讯财经：那会儿您感觉到一种无力感吗？

韩小红：当然，非常非常无力，从来没有过的一种感觉。眼看着这个人要离你而去，你都没有任何办法把他救回来。

腾讯财经：那对于他来说是煎熬，对您来说也是个煎熬。

韩小红：我没有告诉父亲，所以可能最初最煎熬的是我，是我们家人。其实我自己也有过病，父亲也有病，后来我有了这样的判断，就是病人是不痛苦的。很多人也问我："你得了这样一场大病，你怎么熬过来的？"我觉得病人是不痛苦的，其实痛苦的是你的亲人和家人，真正爱你的人。

■ 死亡没什么可怕

腾讯财经：您也得了一场大病，您怎么看待人生呢？有重新的认识吗？

韩小红：我学会了珍惜时间，非常珍惜生命。

腾讯财经：可以冒昧问一下，现在怎么样了？

韩小红：我现在什么事情都没有了，我很正常。这个周末和上个周末，我用了8个小时的时间爬山，腿一点儿都不疼。

韩小红不喜欢回望来路，她更愿意向前眺望。业余时间，她喜欢登山。她认为登山是一种没有回头路的运动，一旦决定攀登，你就必须要往上、再往上，直到山顶。这像极了她的创业道路，一路向前，披荆斩棘，永不放弃。就像爬山，尽管路途坎坷，但山就在那里，坚持，再坚持，终归能够登顶眺望，看不一样的风景。

腾讯财经：治疗期您怎么扛过来的？

韩小红：我觉得时间非常紧张。我刚才说过我不痛苦，但我家人是痛苦的。当时我给自己定的期限是三年，我的困惑就是怎么能够在三年的时间里，把企业做得更好。

腾讯财经：您痛苦吗？

韩小红：我不痛苦，我不痛苦。我想的是用三年时间把这个企业做到一定的规模，把人才梯队搭好，把它交给我先生。我知道我父亲一定走在我前面，因为他已经是晚期了，所以我也想在三年时间里，把父亲送走，不让父亲看到我的问题，让他安静地度过晚年。还有我的女儿，我要用三年时间把她养大，把她培养成一个有价值的人。我这三件大事想得很清楚，在想清楚的那一瞬间，我觉着我的目标很清晰，所以我的那段历程就是充实的。那三年过去以后，突然有一段时间，我觉着我挺迷惘的。

腾讯财经：没目标了是吗？

韩小红：对，没目标了。然后又设了一个五年的目标，现在五年过去了，我的感受是，未来太遥远了，难以想象。八年把企业做到现在这个规模，再过八年是什么样子？我已经没法判断。其实八年前我就判断不了今天，未来的八年我还是没法判断。我能预测一年之内发生的事情，但是预测不了三年、五年、八年的事情，所以我很惶恐。

腾讯财经：惶恐什么？

韩小红：惶恐未来。或者说惶恐八年以后，什么都驾驭不了，甚至不知道自己到时候是个什么状态。

腾讯财经：死亡都不惧怕，您还怕什么？

韩小红：我觉得死亡不可怕，是因为你知道那是终点，而未来是一种无法确定的东西，让人觉得自己很渺小，你不知道该如何驾驭它，或者不知道该做什么准备。这个时候你会有一些迷惘吧。

腾讯财经：对您来说，您觉得为了目标去奋斗的人生很快乐？

韩小红：对。

■ 我是一个赚钱的机器，不是一个花钱的机器

腾讯财经：刚才提到您得了一场大病之后，已经康复了，对人生也有了新的认识。您是一个创业者，对财富这个问题，您是怎么认识的？

韩小红：财富这个东西呢，我是从来不想的。我最烦的一件事情，或者说我不喜欢的一件事情就是让我数钱，我对钱没有任何兴趣。我碰到一个女朋友跟我说，她一年要给自己花100万。我问她怎么花。她说很简单啊，买珠宝一定要买二三十万的珠宝，一定要给自己买什么样的包，买什么样的衣服。我说我不需要，因为我觉得我的身材买一件二百块钱的衣服穿上就很漂亮。我觉得一万五的包不错，但五百块钱的包也很好。我不讲究品牌，我不嫉妒品牌。所以对我来讲，奢侈品是没有吸引力的。

我不会消费，钱对我来讲没什么用处。我只喜欢创业，经营。所以我说我是一个赚钱的机器，不是一个花钱的机器。我不是一个花钱的人，我不太喜欢花钱。所以对我来讲，钱这个东西就代表一个数字吧。

提到对生活中时尚和流行事物的看法，韩小红曾在公开采访中坦率地说，自己的兴奋点并不是追赶潮流。她坦言自己日常涉及最多的无非就是电脑的OA系统和办公软件，所以她不盲目追求极致的性能和芜杂的功能，但她有自己的条件和标准。即便是一件小事，也能看出这位女高管身上最大的特质：永远知道自己想要什么。

腾讯财经：您有钱的时候这么认为，但您没钱的时候，您还是这种价值观吗？

韩小红：我记得很多人说我，在我没钱的时候，我一个最大的特点，就是从来不让别人请客，就是在同学当中也是这样的。任何一个消费场合，只要我出现，我就不会让别人掏钱的。

腾讯财经：因为您对钱没有概念？

韩小红：不是没有概念。我是觉着，我要做更重要的事情，我怕还人情，我怕浪费时间，我觉着我有太多的事情要做；我都不知道我请谁了，甚至也不去记谁欠我的、我欠谁的。我对这些人情世故的东西很淡漠，所以我也不去算钱。我还记得我结婚的时候，当然那时钱很少，我和我老公俩他说让我管钱，我说让他管钱，最后我们俩没办法，把钱都扔在储蓄匣里头，谁也不管。

腾讯财经：现在谁管钱？

韩小红：现在也是谁也不管，因为现在不需要管钱，有专职的财务总监。我们不需要钱，我们可以说真的不需要任何钱，我们也不分红。公司一直在发展，所有的财务管理有专人在做，有一个团队在做，我们也不需要去琢磨这种事。家里的事全交给老妈，老妈跟着我生活。钱是我身外的东西，我不去算。

腾讯财经：看得出您现在很幸福。

韩小红：我想可能人人都一样吧。

腾讯财经：您状态很好，祝慈铭越做越大。

韩小红：好。谢谢！谢谢！

韩小红:http://t.qq.com/ciminghanxiaohong

编辑手记——“独裁女”韩小红

文/张沉

一家公司，董事长和总裁，意见出现了分歧，让手下很挠头，不知赞同谁、反对谁。因为董事长和总裁是夫妻，某种程度这两个职位在员工眼里“没大没小”——毕竟人家是夫妻。

为了公司发展大计，韩小红“独裁”了一把。她告诉下属，在公司她和丈夫胡波有意见分歧，以韩小红的意见为主，“在单位说不听，回家继续说”，直到说服为止。两人现在有意见分歧的地方开始减少了。因为两人在大方向上开始分工了。

胡波主外，负责一些“外交”和大项目运作；韩小红主内，负责公司日常管理。胡波平时叫韩小红韩博士，两人曾经是大学同学，知根知底，如今关系更加密切。既是夫妻，又是同事。

采访韩小红时，她滔滔不绝，妙语连珠。谁也想不到，之前做大夫时，韩小红相当内向，现在是相当能侃。

韩小红属于那种拿得起、放得下的人。现在，韩小红每天很忙。慈铭集团发展太快，需要在多座城市开店。

“您还有问题吗？快问吧！”韩小红抹了一把头发，干净利落、不拖沓。

采访时韩小红穿得很休闲，和照片上光彩照人的形象有点差距。没辙，一个字——忙！

腾讯财经《商业人生》栏目主创人员

总 策 划：马　立
总 监 制：高　军　李宗品　李　楠　张　军　韦洪波
策　　划：张　沉　臧中堂
监　　制：曾涛涛
编　　辑：赵　磊　刘中盛　刘　雁　赵轶婷　解　音　卢肖红
视　　频：关海琳　魏笑一　汪悍贤　关茜茹
品牌推广：高　燕　刘　康　肖叶琼

总策划：马立
腾讯网副总编辑

总监制：高军
腾讯财经副总监

总监制：李楠
腾讯财经主编

总监制：李宗品
腾讯财经副主编

总监制：张军
腾讯证券主编

总监制：韦洪波
腾讯证券副主编

策划 张沉 http://t.qq.com/zc978310038

吉林人，现就职于腾讯网财经频道。曾先后供职于网易财经、《财富时报》、《经济观察报》和国家安监总局《现代职业安全》杂志。擅长调查报道，主要研究商业和宏观经济。

策划 臧中堂 http://t.qq.com/zzt1978

曾在《电脑报》工作两年，2005年投身互联网，曾在新浪网科技频道创办《VC人生》栏目，并主持《白银时代》栏目，2008年加盟腾讯网创办《白话投资》栏目。先后采访国内近百位风险投资人和创业者，对创业投资和私募股权有全面深刻的了解。

监制 曾涛涛 http://t.qq.com/azurezeng

毕业于武汉大学新闻与传播学院。2007年在《南方都市报》初识财经新闻，2008年7月加入腾讯网财经频道，从此学会写代码。但依然热爱文字，总想到处看看，随意走走，梦想是环游世界。

编辑 赵磊 http://t.qq.com/zhaoleizhaolei

1994年毕业于解放军国际关系学院。1998年从部队转业后从事新闻工作。曾在《计算机世界》《经济观察报》《上海青年报》《新周刊》《中国经济周刊》《中国新闻周刊》等多家媒体担任记者工作。现任腾讯网财经频道上海站站长。

编辑 刘中盛 http://t.qq.com/johnsonliu

2002年-2008年就读于中国传媒大学应用语言学系和传播学系，先后获文学学士和文学硕士学位。2008年7月加入腾讯网财经频道，发过滚动，换过头条，堆过专题，2010年10月起开始“爬格子”。

编辑　刘雁　http://t.qq.com/liuyan

先后于汕头大学和香港中文大学求学，后转战北京，投身网媒工作。曾在网易财经担任编辑，于2010年3月加入腾讯网财经频道，曾被派驻上海，而今定于深圳。喜用笔端记录所见所闻，愿与他人分享所思所想。

编辑　赵轶婷　http://t.qq.com/zhaoyiting

毕业于安徽财经大学贸易经济系。2005年，带着梦想加入腾讯，做过读书，做过动漫，最终成为一名财经记者、主持人。未来的路还很长，立志不放弃梦想，坚定地追随着梦的脚步前进。

编辑　解音　http://t.qq.com/yinzi80

巴黎第十三大学传播学硕士，2010年加入腾讯财经编采队伍，将理论联系上了实践。

跑过十万八千里的路，只为看书中的风景；错过不止一星半点，依然标榜内心的强大与理想。爱批判，伪愤青。有人问："为什么不留在法国休每年37天的年假？"——其实想，写别人的故事，表个人的情。

编辑　卢肖红　http://t.qq.com/pingguotoulive

毕业于华中科技大学武昌分校新闻系，曾就职于《每日经济新闻》《第一财经日报》等财经媒体，参与《寻找幸福密码》一书的写作。现任腾讯网证券频道编辑。

视频　关海琳

视频　魏笑一

视频　汪悍贤

视频　关茜茹

品牌推广　高燕

品牌推广　刘康

品牌推广　肖叶琼

索引

说明：索引中粗字体为本书出现的公司或机构名称，非粗字体为人名，索引中的页码指该名称在每篇文章中第一次出现的位置。

图书在版编目（CIP）数据

中国高端财富访谈 I / 腾讯财经《商业人生》栏目组编著.
长春 : 吉林出版集团有限责任公司, 2011.9

ISBN 978-7-5463-6802-3

Ⅰ.①中… Ⅱ.①腾… Ⅲ.①企业家—访问记—中国—现代
Ⅳ.①K825.38

中国版本图书馆CIP数据核字(2011)第173740号

中国财富高端访谈 I
ZHONGGUO CAIFU GAODUAN FANGTAN I

编　　著： 腾讯财经《商业人生》栏目组
出 版 人： 刘丛星
选题策划： 范中华　孟祥婷
责任编辑： 范中华　孟祥婷
封面设计： 柏拉图工作室
出　　版： 吉林出版集团有限责任公司
发　　行： 吉林出版集团社科图书有限公司
电　　话： 0431-86012798
印　　刷： 北京领先印刷有限公司
开　　本： 710mm × 1000mm　1/16
字　　数： 260千字
印　　张： 16.25
版　　次： 2011年9月第1版
印　　次： 2012年2月第2次印刷
书　　号： ISBN 978-7-5463-6802-3
定　　价： 39.80元